沂源文物精粹

沂源县文物管理所　编著

文物出版社

图书在版编目（CIP）数据

沂源文物精粹/沂源县文物管理所编著． —北京：
文物出版社，2016.10
ISBN 978-7-5010-4800-7

Ⅰ．①沂… Ⅱ．①沂… Ⅲ．①历史文物－沂源
县－图集 Ⅳ．①K872.524.2

中国版本图书馆CIP数据核字(2016)第237872号

沂 源 文 物 精 粹

编　　著：沂源县文物管理所

封面设计：秦　彧
版式设计：秦　彧
责任编辑：秦　彧
器物摄影：宋　朝　刘鸿亮
责任印制：张道奇

出版发行：文物出版社
地　　址：北京市东直门内北小街2号楼
邮　　编：100007
网　　址：http://www.wenwu.com
邮　　箱：web@wenwu.com
制版印刷：北京荣宝燕泰印务有限公司
经　　销：新华书店
开　　本：889mm×1194mm　　1/16
印　　张：13
版　　次：2016年10月第1版
印　　次：2016年10月第1次印刷
书　　号：ISBN 978-7-5010-4800-7
定　　价：280.00元

《沂源文物精粹》编委会

序

张光明

欣闻沂源县文物管理所即将出版《沂源文物精粹》一书，我十分高兴，为该书的编纂出版特致祝贺！

该书的出版凝聚着几代沂源文博工作者的努力和心血，也是淄博市为数不多的出版文物专著的区县之一，说明沂源县的文物工作取得了很大的业绩和收获，也表明大家的专业水平有了一个很大地提高。在此，我作为一名老文物工作者对他们的进步和成绩深表敬意。

沂源，顾名思义是沂河的源头，地处淄博市最南境，属泰沂山脉中段，原属沂水，后划归淄博市。沂源是物华天宝之地，境内山峦重叠、河流纵横，自远古就是人类理想的生息之地。考古发现表明这里不仅是远古人类诞生地之一，也是古代文化灿烂辉煌的地区，且文化类型齐全，区域特色鲜明，所以沂源是山东乃至全国重要的文物丰富地区之一。早在20世纪六、七十年代，沂源县境内就发现了旧石器早期文化的沂源猿人和旧石器时代晚期的千人洞遗址，填补华东地区旧石器时代猿人遗址的空白，被誉为最早的"山东人"，之后的细石器文化和新石器时代文化在境内都有重要发现，特别是张家坡镇北桃花坪村扁扁洞和南鲁山镇黄崖村西处新石器时代早期人类居住遗址的发现，时代早至10000年左右，属后李文化系列，是目前黄河下游地区最早的新石器时代文化遗存，被誉为东夷人的祖先，对中国文明起源的研究有着重大的学术价值。由此可证，沂源县不仅是中国原始社会早期人类的发源地之一，也是最早的东夷人祖先的发迹之地。之后的夏商周时期，这里是莱夷、莒、齐、鲁文化融合的重要地区。清康熙《沂水县志》载这里是战国时期齐国的盖邑，"汉盖县城，在城西北八十里，本齐邑，汉以为县"，盖县故城在（沂水

沂源猿人遗址第二次发掘合影

沂源猿人头盖骨第一发掘点

沂源猿人遗址第二发掘点

沂源猿人遗址第三发掘点

沂源猿人头盖骨及牙齿化石

沂
源
文
物
精
粹

县）西北百二十里今盖邑庄。沂源1944年建县，辖区主要来自之前沂水县西北的沂河上游之地，其方位指今沂源东安故城或盖冶村。文献记载，沂源商周时期有浮来邑和盖邑，考古发现研究可知，一在今东里东安故城，一在今县城西北西鱼台姑子坪，这些此均被考古发现所证实。20世纪80年代初在沂源县东安故城出土了商代晚期嵌绿松石青铜弓形器和铜铙。铙属乐器，弓形器属车马器或饰器，且嵌绿松石，不仅非常珍贵，而且极为重要。中国著名史学家李学勤先生看后大加赞誉，讲非王莫所使用，据此推断这些重要文物可能与浮来邑相关。1999年秋，接沂源县文物管理所报告，我们前往清理了一座西周晚期贵族墓，出土了一批青铜礼器和兵器，其中礼器15件，兵器50余件；尤其是出土了鼎5、簋2、簠2，方彝、罍、壶、盘各1件等组合青铜礼器，在沂源县当属首次发现，且器型较大、纹饰清晰、制作精良、品相完好，是近年山东周代考古的重大发现。成套青铜礼器的发现，表明墓主人至少是卿大夫一级的贵族，地位显赫，证明这里是西周时期的重要城邑，此邑有可能就是文献所载的盖邑。古奄、盖互通，学界对商代晚期东方重要方国奄国及灭奄后所封鲁国早期都城位置众说不

北桃花坪遗址扁扁洞　　　　　　　　　　　　　　　北桃花坪遗址扁扁洞

原故宫博物院张忠培院长调研扁扁洞遗址　　　　北桃花坪遗址扁扁洞出土石磨盘、石磨棒

　　定，此线索也有可能为探索商代晚期奄国以及鲁国早期都城位置所在提供了线索。战国时期沂源归齐，为齐之盖邑，汉沿之为盖县；"盖邑"是因沿商奄而为名矣。2010年9月，淄博市文物局与山东大学历史文化学院、沂源县文物管理所在东里镇东里东村发掘清理了一座战国墓，出土了车马、荒帷、陶俑、青铜器、玉器、竹木漆器和麻丝织品106件（套），1000余件文物；特别是墓葬出土的大宗麻、丝织品，数量多、质量好、保存完好，时代为战国中期偏早阶段，为中国麻丝织品考古的一次重大发现，是对齐国"衣履冠天下"的最好诠释。近现代沂源是革命老区，在抗日战争和解放战争中，这里发生过多次重要战役，老区人民为新中国的诞生做出了不可磨灭的重大贡献。

　　沂源县文物管理所成立于1988年，当时条件十分简陋，但大家吃苦耐劳，努力学习，工作上精益求精，认真负责，经过近三十年的艰苦努力，取得了今天骄人的业绩。沂源县文物工作也走过了从无到有，由小到大的发展历程；今天，沂源县文物工作进入了事业发展的春天，新的博物馆即将建成，且机构健全、人才齐全、业务力量强，在全市名列前茅；且馆藏文物丰富，考古成果辉煌。如今，沂源县文博工作已融入社会经济文化快速发展之中，以优秀文物资源为龙头的文化旅游经济已成为沂源社会经济发展的新业态，文博工作的社会公众认识度得到了普遍提高。正值此时，沂源县文物管理所编辑出版《沂源文物精粹》，该书的出版必将在沂源县文化经济、社会发展和文化强县建设中发挥不可替代的金字招牌作用。

该书是沂源县文物藏品的精华体现，是他们对这些文物细心研究成果的汇集，也是沂源县历年出土文物精品集大成。沂源县文物管理所现馆藏文物6114件，其中珍贵文物243件（套），文物标本近万件，其中精品荟萃，有国宝级文物"沂源猿人"头盖骨化石及牙齿化石，有西鱼台西周贵族墓出土的系列青铜礼器，有东里战国墓出土的丝、麻织品和竹编器物等，这些是沂源县历年重大考古发现出土的珍贵文物，也有些是该所历年蒐集的文物精品。他们从中精选250余件（套）汇集成书；按化石、玉石器、陶瓷器、金银器、青铜器、铁器、骨角器、其他类等科学分类编排，时间跨度从古人类化石至商周秦汉、截止于中华人民共和国成立之前，由文物出版社出版。该书图文并茂，装帧精致，将是一部难得的全面了解沂源县历史文化的实用工具书，具有很强的学术价值、实用价值和收藏价值。

以上认识是对沂源近年重大考古发现研究所得，故而每一地区重大的考古发现不仅彰显了文博人的社会贡献，也是该地区历史文化文脉的延续和文化旅游业发展的重要支撑。文明见证的实物靠我们去发掘研究，历史文脉的传承靠我们去发现展示。让文物活起来是当代文博人的责任，共筑中华民族复兴的中国梦也是我们新一代文博人的梦想。愿沂源县文博事业在不远的明天有一个更大地发展并取得更大辉煌！

以上所言，权作书序。

2016年6月23日于张店梅菊轩

目　录

沂源文物精粹

vi

沂
源
文
物
精
粹

viii

ix

目
录

X

沂源文物精粹

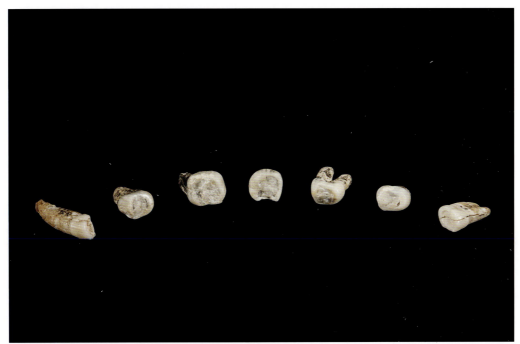

化
石

1. 沂源猿人化石　旧石器时代

头盖骨与牙齿。

沂
源
文
物
精
粹

2. 石斧 新石器时代

长12.1、刃宽4.8厘米

灰砂岩材质，磨制石器。体型厚重，头小刃宽，双面刃，刃部锋利。

3. 石斧 新石器时代

长9.3、刃宽5.6厘米

青砂岩材质，磨制石器。体型厚重，顶部扁平，中部有凹槽，用于固定木棒，双面刃，器身微残。

4. 石斧 *新石器时代*

长9.1、宽3.8厘米

青砂岩材质，磨制石器。通体略扁，中间
宽，两头略窄，尖部略残，表面磨光。

5. 石斧 *新石器时代*

长18.2、宽6.6厘米

青砂岩材质，磨制石器。较扁平，双面刃，
刃部稍残，表面磨光。

6. 石锛　新石器时代

长4.3、宽2.2、厚0.9厘米

青砂岩材质，磨制石器。上窄下宽，表面磨光，单面坡状刃，刃部锋利。

7. 石凿　龙山文化

长3.0、宽2.3、厚0.8厘米

青砂岩材质，磨制石器。表面磨光。

沂源文物精粹

8. **石钺** 新石器时代

长12.2、宽7.3、厚1.4厘米

磨制石器。扁体，平面大致呈长方形，刃部较宽微外弧，双面刃，中上部有一圆孔，表面磨光，黑色。

9. **石铲** 新石器时代

长15.1、宽10.7、厚1.6厘米

花岗岩质地，磨制石器。扁平状，平面略呈长方形，上部中央有圆形穿孔，双面刃，刃部略残，通体磨光。

沂源文物精粹

 10. 玉铲　大汶口文化

长7.2、宽3.1厘米

平面近长方形，两边微外弧，斜刃，上部中央有一圆形穿孔。

 11. 双孔石刀　新石器时代

长9.2、宽4.6、厚0.9厘米

黑砂岩材质，磨制石器。呈半月形，双面刃，上有两穿，表面磨光。

 12. 石锤 *新石器时代*

长7.7、宽5.1、厚4.8厘米

青砂岩材质，磨制石器。形体厚重，
呈长方体，边角圆滑。

玉

石

器

 13. 石锤 *新石器时代*

通高7.8厘米

青砂岩材质，磨制石器。形体厚重，
通体呈圆柱状，底部有小平面。

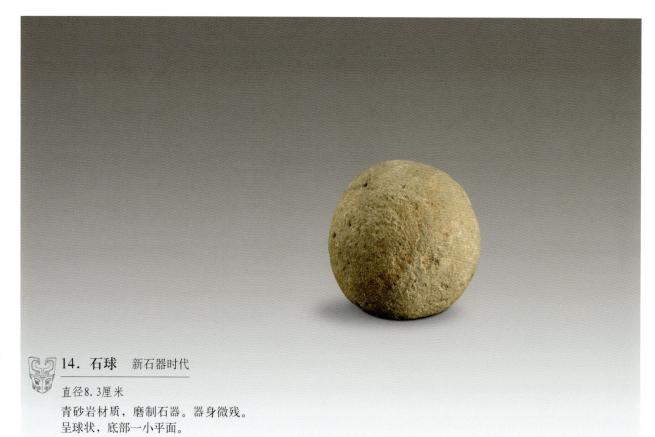

14. 石球 新石器时代

直径8.3厘米

青砂岩材质，磨制石器。器身微残。
呈球状，底部一小平面。

沂
源
文
物
精
粹

15. 玉环 大汶口文化

外径4.6、内径2.3厘米

扁平环形，通体磨光，素面。基本
完整。

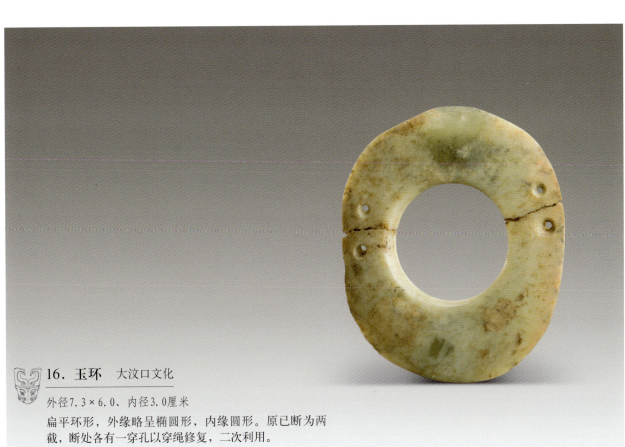

16. 玉环　大汶口文化

外径7.3×6.0、内径3.0厘米

扁平环形，外缘略呈椭圆形，内缘圆形。原已断为两
截，断处各有一穿孔以穿绳修复，二次利用。

沂
源
文
物
精
粹

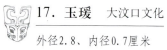

17. 玉瑗　大汶口文化

外径2.8、内径0.7厘米

18. 石镯　大汶口文化

直径7.4、厚2.9厘米

石质。宽体环形，略呈筒状，表面光滑，素面。

 19. 玉坠 大汶口文化

长2.6、宽1.5厘米

较扁平，平面呈梯形，上端中央有
一圆形穿孔。

 20. 玉砭石 大汶口文化

尺寸各异

共4件。其中2件大致为圆锥形，细端折收为圆锥形尖头，粗端呈台状内收，
末端为不规则的半圆形小钝头。另2件呈四棱锥状，其中一件两端残断，较
完整的一件尖端折收为方锥形，粗端急剧内收，呈钝锥状。

沂
源
文
物
精
粹

 21．花岗岩石器　大汶口文化

长4.0、宽2.9、厚2.5厘米

花岗岩材质，磨制石器。通体呈扁矮六棱柱状，上部有一凹槽，一立面有一穿
孔与凹槽相通，内圆外方，表面光滑，红褐色纹面，靠近凹槽的一面微残。

22. 石钻帽 新石器时代

通高4.8、腹径4.4、孔径0.9厘米

青砂岩材质，磨制石器。呈椭圆球状，底部有一孔状凹槽。

玉
石
器

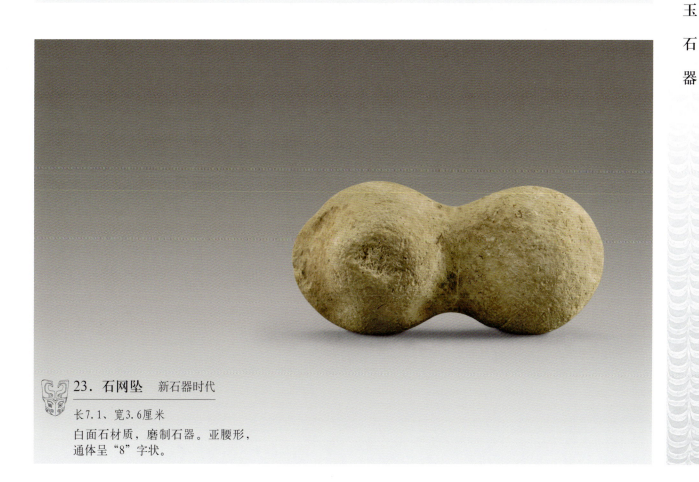

23. 石网坠 新石器时代

长7.1、宽3.6厘米

白面石材质，磨制石器。亚腰形，通体呈"8"字状。

沂
源
文
物
精
粹

 24. 石斧 商代

长11.3、宽5.8、厚3.6厘米

青砂岩材质，磨制石器。体型厚重，平面呈梯
形，双面刃，斧面微鼓，斧面、斧顶微残。

 25. 谷纹玉柱饰 战国

直径2.5、高4.6厘米

圆柱形，底部有一孔。通体饰浅浮雕谷纹，单元纹饰呈首大
尾小的涡状，顶部饰有对称的四个谷纹，柱身饰上中下三圈
谷纹，各组之间有三道凸弦纹间隔。

26. 璇玑形玉环　　战国

长10.6、外径7.1、内径3.1厘米

扁平环形，璇玑状，外缘有四个对称的牙，间距相等，牙尖旋向同一方向，并有穿孔，似鸟头形。器身表面浅浮雕谷纹，单元纹饰呈首大尾小的涡状，有的尾端相接呈 "S" "C" 形等。

沂
源
文
物
精
粹

27. 玉环 战国

外径5.6、内径3.2、厚0.6厘米

28. 玉环 战国

外径4.6、内径2.5、厚0.6厘米

29. 玉环 战国

外径5.3、内径3.3、厚0.6厘米

30. 玉环 战国

外径5.5、内径3.3、厚0.6厘米

 31. 玉环 战国

外径5.7、内径3.6、厚0.7厘米

沂
源
文
物
精
粹

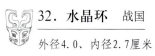 **32. 水晶环** 战国

外径4.0、内径2.7厘米

玉
石
器

33. 水晶环　战国

外径5.1、内径3.5厘米

沂
源
文
物
精
粹

34. 水晶环　战国

外径4.2、内径2.7厘米

35. 水晶环　战国

外径4.1、内径2.6厘米

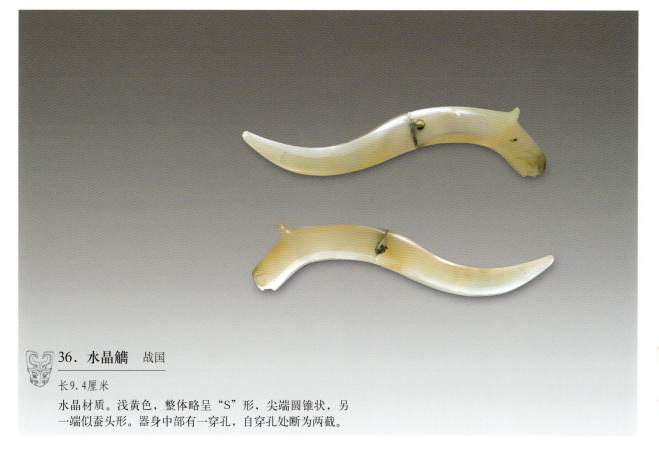

36. 水晶觿 战国

———————————
长9.4厘米

水晶材质。浅黄色，整体略呈"S"形，尖端圆锥状，另
一端似蚕头形。器身中部有一穿孔，自穿孔处断为两截。

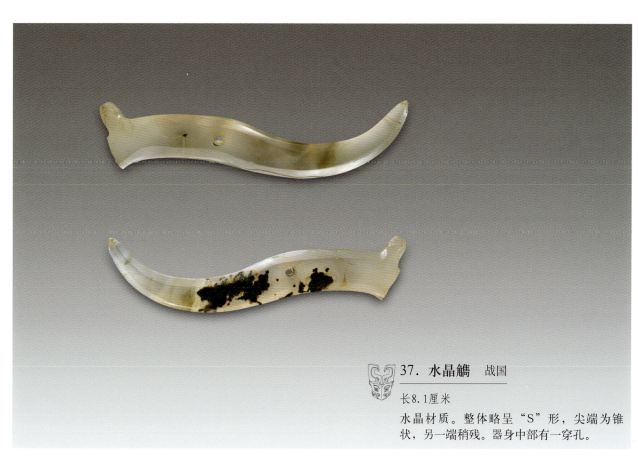

37. 水晶觿 战国

———————————
长8.1厘米

水晶材质。整体略呈"S"形，尖端为锥
状，另一端稍残。器身中部有一穿孔。

沂源文物精粹

 38．水晶串饰 战国

水晶材质，共14颗，其中13颗略呈核状，中有穿孔，大小不一（最大者长1.4、直径0.9厘米）。1颗体积较大，为十四面体，高1.3、宽1.4厘米

 39．水晶串饰 战国

水晶材质，共11颗，其中10颗略呈核状，大小不一（最大者长1.7、直径1.0厘米）。1颗体积较大，为十四面体，高1.3、宽1.3厘米。

40．滑石璧　战国

外径4.5、好径1.8、厚0.4厘米
滑石材质。扁平环形，外表呈红褐色，素面，通体磨光。

41．滑石璧　战国

外径9.2、好径4.7、厚0.7厘米
滑石材质。扁平环状，正面饰四圈凹弦纹，弦纹
间饰三圈阴线刻简化的谷纹，背面为素面。

 42. 滑石璧　战国

外径6.9、好径2.8厘米

滑石材质。表面浅浮雕"S""C"
形勾云纹，实为谷纹的变形。

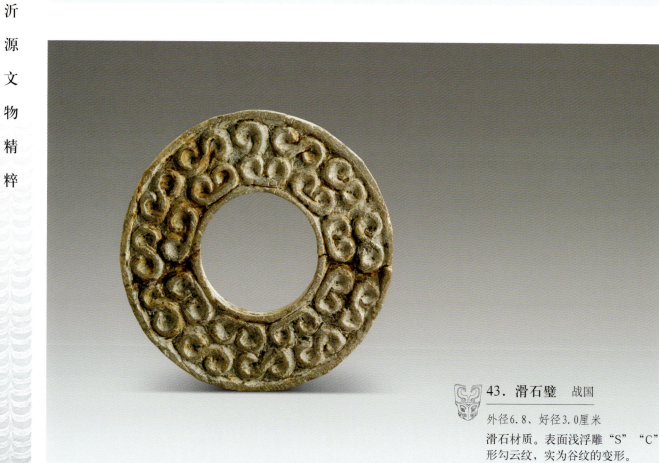

43. 滑石璧　战国

外径6.8、好径3.0厘米

滑石材质。表面浅浮雕"S""C"
形勾云纹，实为谷纹的变形。

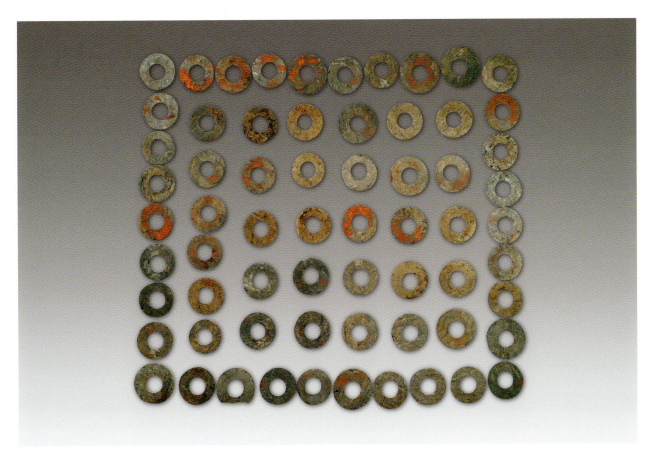

玉
石
器

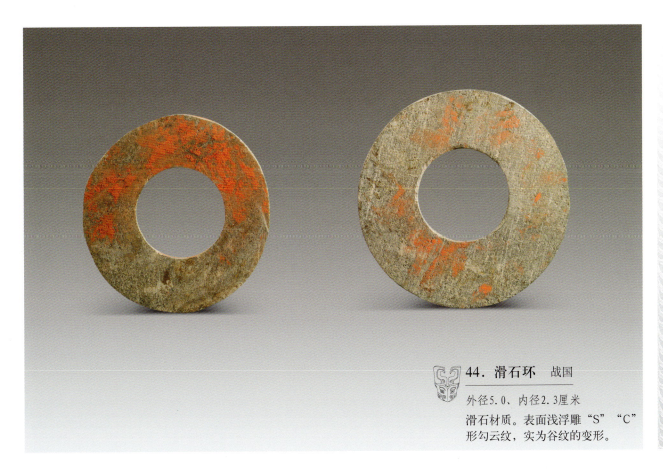

44. 滑石环 战国

外径5.0、内径2.3厘米

滑石材质。表面浅浮雕"S""C"
形勾云纹，实为谷纹的变形。

沂
源
文
物
精
粹

45. 滑石圭　战国

长12.8、宽2.8、厚0.6厘米

滑石材质。扁平状，顶部为锐角，底部平，
底部两侧有对称两凹槽，素面。

46. 滑石桥形饰 战国

长17.0、宽2.3、厚0.3厘米

滑石材质。扁平体桥形，中间上部有一穿孔，两面各有一直线形阴线纹。表面为黑色。

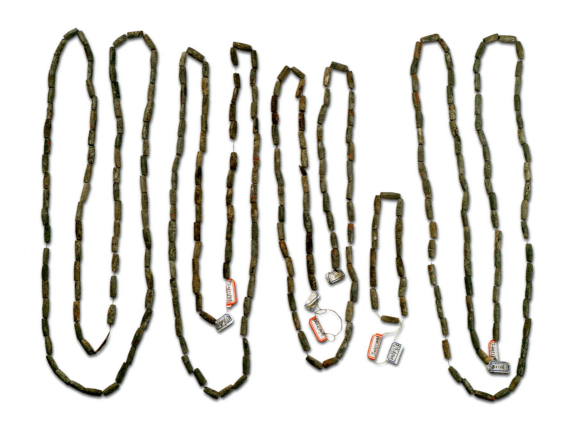

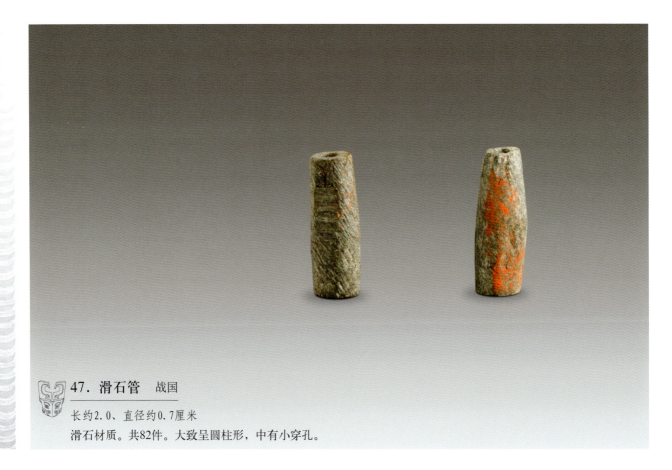

沂源文物精粹

47. 滑石管 战国

长约2.0、直径约0.7厘米

滑石材质。共82件。大致呈圆柱形，中有小穿孔。

 48.石贝币 战国

宽1.4~1.8、长2.0~2.5厘米

滑石材质。货贝形,正面中部有一凹槽,有齿,背面有一孔。通体磨光,大小厚薄不一。

沂
源
文
物
精
粹

49．石磨　汉代

直径46.5、通高11.5厘米

白砂岩材质。由上下两片组成，上下片皆似圆饼形。上片顶面凿
有规整的绳纹，中心有斗，斗中部起脊，脊上有一圆形轴孔，内
有铁轴残存，两侧各一半圆形孔。下片顶面布满窝状磨齿，中部
有一圆形轴孔，底面粗糙。两磨盘上凸下凹，扣合而成。

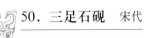

50. 三足石砚　宋代

长21.8、宽13.0、高6.2厘米

青石材质。长方形，砚角为圆角，砚堂周边饰以凹线，雕琢圆润，三足，其中一足有残。

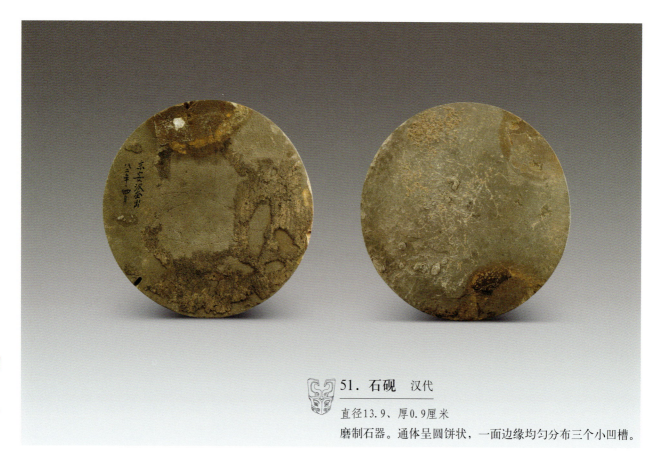

51. 石砚 汉代

直径13.9、厚0.9厘米

磨制石器。通体呈圆饼状，一面边缘均匀分布三个小凹槽。

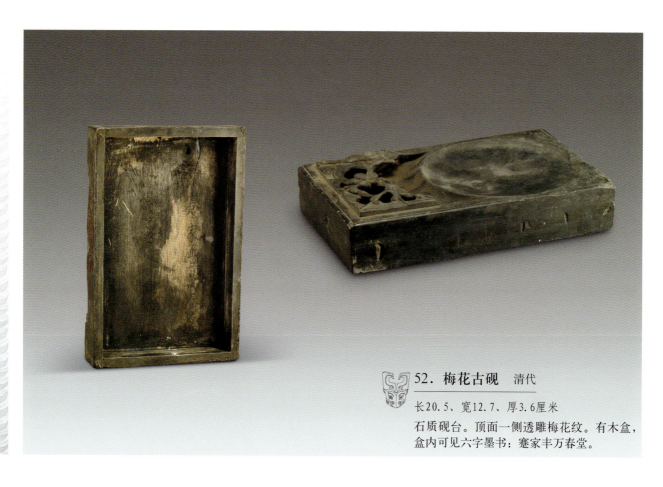

52. 梅花古砚 清代

长20.5、宽12.7、厚3.6厘米

石质砚台。顶面一侧透雕梅花纹。有木盒，盒内可见六字墨书：蹇家丰万春堂。

 53. 狮纽玉印章　明代

双狮纽印：通高11.1、底径5.6×5.8厘米

单狮纽印：通高11.3、底径6.1×6.4厘米

一组2件。玉石材质。左为双狮纽印，右为单狮纽印。双狮纽印为一大一小两狮呈偎依状，长鬃巨口，凸睛獠牙，印台为长方体，印文为阳文"除却诗书无所癖"七字。单狮纽印单狮长鬃大鼻，凸睛獠牙，嘴巴紧闭，身体盘曲回顾，尾巴为双股，各向左右卷，印台为长方体，印文为阴文"惟於山水不能廉"七字。

沂
源
文
物
精
粹

54. 福禄寿三星立像石雕 清代

通高31.8厘米

石质透雕。前为福禄寿三星，后有两侍女执芭
蕉扇，均立于饰有祥云图案的底座。福星双手
持书卷，禄星身穿朝服，一手捻须，一手持笏
板，寿星一手持杖，一手捧寿桃，三星面容祥
和。背面雕有祥云图案。

55. 玉璧 清代

外径6.2、好径0.8、厚0.6厘米

玉石质地，青白色。表面装饰有简单的勾云纹。

 56. 玉带钩 *清代*

长12.5、宽2.6厘米

玉石质地，青白色。两端各饰一龙首。

 57. 玉鍪指 *清代*

直径3.0、高2.5厘米

玉石质地，白色。整体呈筒状，表面光滑，素面无纹。

沂
源
文
物
精
粹

58．母子纹玉饰 清代

长8.0、宽2.8厘米

玉石质地，青白色。主题纹样为一妇人执扇侧卧，旁有一婴儿，卧具雕成长条叶形。

59．白猿偷桃玉摆件 清代

长3.1厘米

 60. 石卧马饰件 清代

长4.3、宽2.0、高3.0厘米

石质，黑色。卧马四蹄蜷曲，作回首状。中部有一穿孔。

61. 石羊摆件 清代

长7.0、宽3.0、高4.5厘米

黄白色。卧羊，四蹄蜷曲，直颈，扬首，垂耳无角。

62. 石狮子　清代

通高25.4厘米

石质圆雕。共2件，犬坐于须弥座上，巨口长鬣。一件
头微左转，项带下缀铃铛，左脚踏小狮子；另一件头
微右转，项带下缀缨饰，右脚踩绣球。

038

沂
源
文
物
精
粹

63. 石环　年代不详

外径4.2、内径1.4厘米

磨制石器，通体呈黄褐色，磨光精致。

64. 褐陶钵形鼎 大汶口文化

口径26.0、高25.5厘米

夹砂褐陶。鼎身钵形，敛口，折肩，斜壁，小底，
凿形三足斜张，素面。

沂源文物精粹

65. 红陶罐形鼎 大汶口文化

口径14.7、高17.5厘米

夹细砂红陶。鼎身罐形，敛口，小平沿，深腹外鼓，下腹折收，
圜底，折腹处有一圈戳印痕。三凿形足，上大下小，较直。

 66．灰陶镂孔豆　大汶口文化

口径26.5、足径20.1、高29.7厘米

夹细砂灰陶，胎质细腻。该器由钵形器及高圈足两部分组成，上部呈浅腹钵形，敛口，圆唇，折腹急向内收，小平底，下部喇叭状高圈足，圈足上有圆形镂孔。

沂
源
文
物
精
粹

 67. 灰陶镂孔豆 大汶口文化

口径10.0、足径8.5、高11.3厘米

灰陶。侈口，高足外撇，上有孔。

 68. 黑陶镂孔豆　大汶口文化

口径18.0、底径13.4、高21.1厘米

夹细砂黑陶，胎质细腻。豆盘为碗形，敞口，圆唇，深腹，喇叭状高圈足，圈足下方饰镂孔，构成连璧形图案。

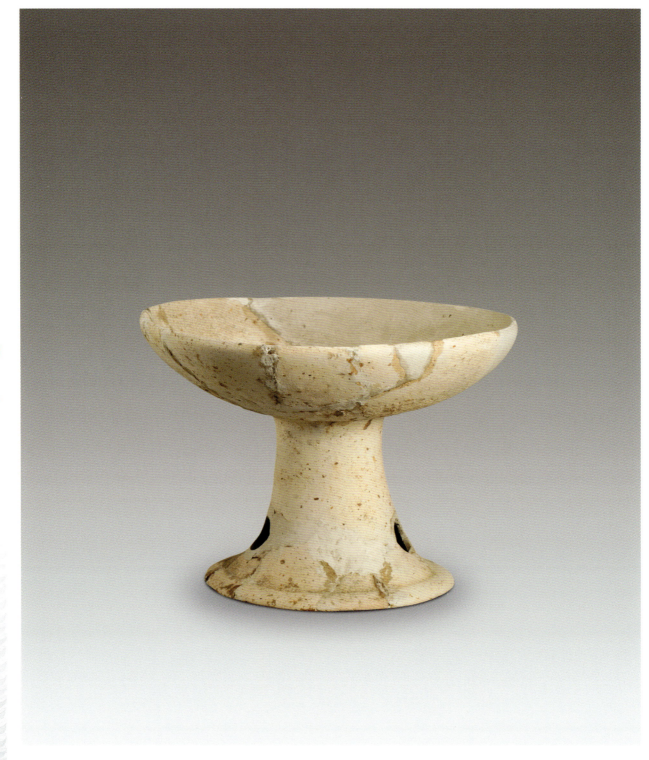

69. 白陶镂孔豆 大汶口文化

口径19.3、足径12.9、高13.5厘米

夹砂白陶豆，浅盘，喇叭形圈足，圈足有圆形镂孔。

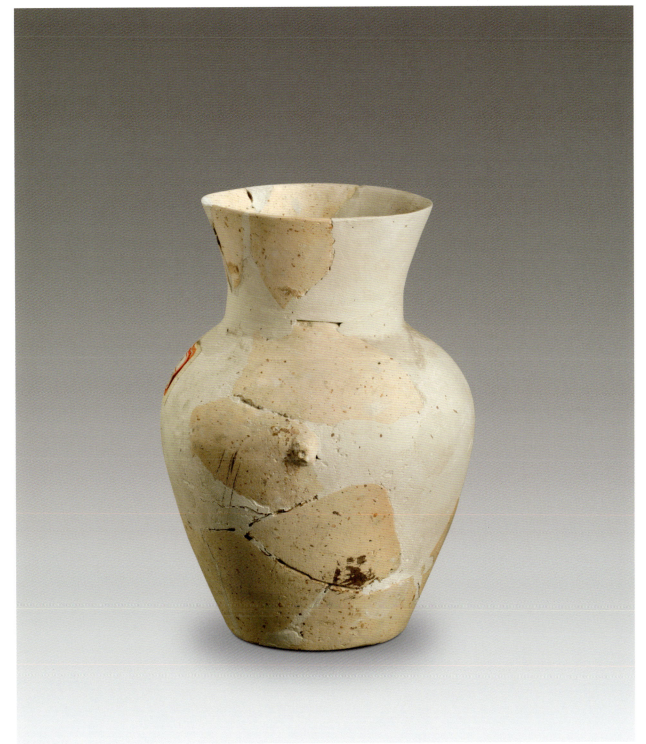

 70. 白陶壶 大汶口文化

口径9.5、底径7.8、高18.0厘米

夹砂白陶。口微侈，高领，束颈，圆肩，肩部以下斜
收，平底。肩部下方装饰一乳丁状纽。

 71. 黑陶镂孔高柄杯 大汶口文化

口径15.3、足径13.3、高30.3厘米

黑陶。整体略似觚形，杯体为喇叭形广口，中下部饰一箍
及两圈斜线纹带，细高柄中空，柄饰两竹节形箍，喇叭口
状圈足，足上有镂孔，构成连璧形图案。

 72. 红陶弦纹鬶　龙山文化

口径11.9、通高44.2厘米

夹细砂红陶。长颈，仰流，短腹，一绳索状扁鋬，三实心
锥状足。腹部有一道凸弦纹，弦纹上方装饰有小圆饼。

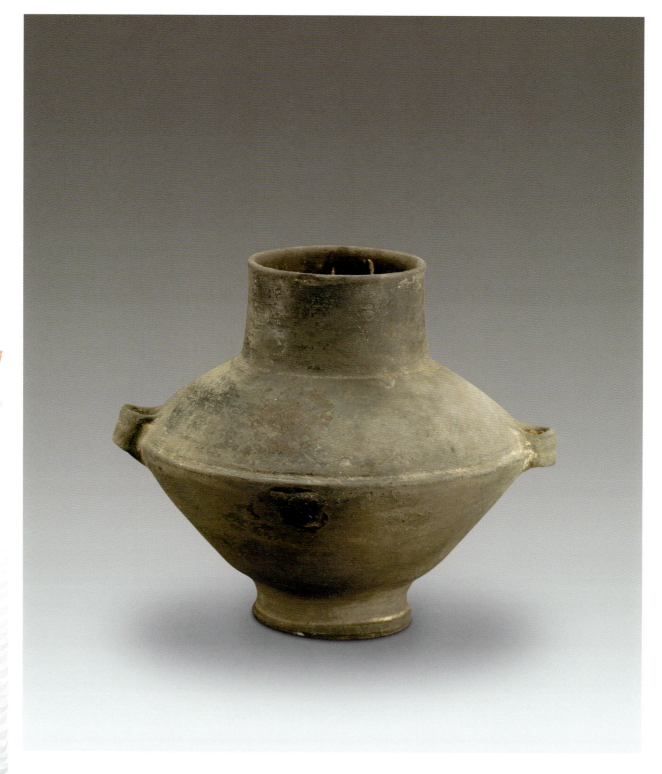

73. 黑陶壶 龙山文化

口径5.7、底径5.3、高11.6厘米

泥质黑陶。直口，高领，折肩，腹下收，
平底。折肩处有双贯耳。

 74. 黑陶杯 龙山文化

口径5.7、底径5.3、高5.3厘米
泥质黑陶。侈口，圆唇，短流，高领，鼓
腹，平底。流两侧饰泥饼状堆加纹。

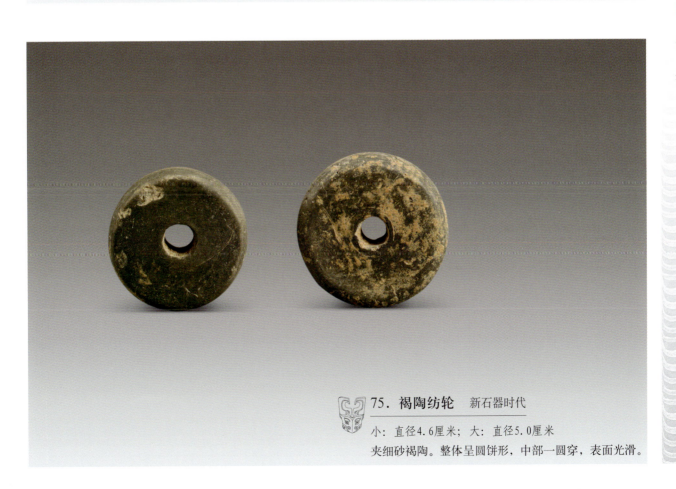

75. 褐陶纺轮 新石器时代

小：直径4.6厘米；大：直径5.0厘米
夹细砂褐陶。整体呈圆饼形，中部一圆穿，表面光滑。

76．灰陶簋　西周

口径20.9、底径10.0、高15.5厘米

泥质灰陶。敞口，圆腹，圈足，器身下
腹部饰粗绳纹。

 77. 灰陶绳纹甗 西周

口径39.0、高44.9厘米

夹砂灰陶，陶色不均。侈口，方唇，窄折沿，深腹略
鼓，细腰，鬲部腹部圆鼓，分档较高，锥状足，口沿
以下通体饰粗绳纹。

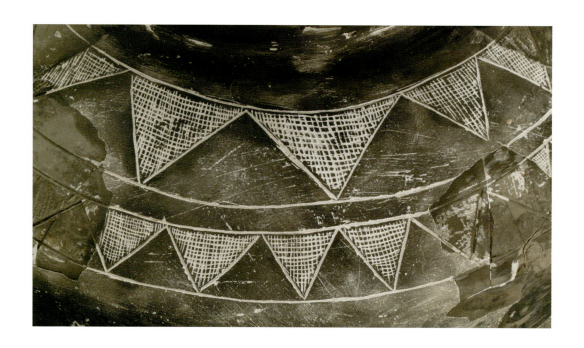

沂
源
文
物
精
粹

 78. 灰陶三角纹罍 西周

口径18.7、底径14.0、高30.0厘米

泥质灰陶。侈口，圆唇，折肩，收腹，小平底，肩上部饰
有两圈三角形方格纹，腹上部有弦纹，腹部饰有细绳纹。

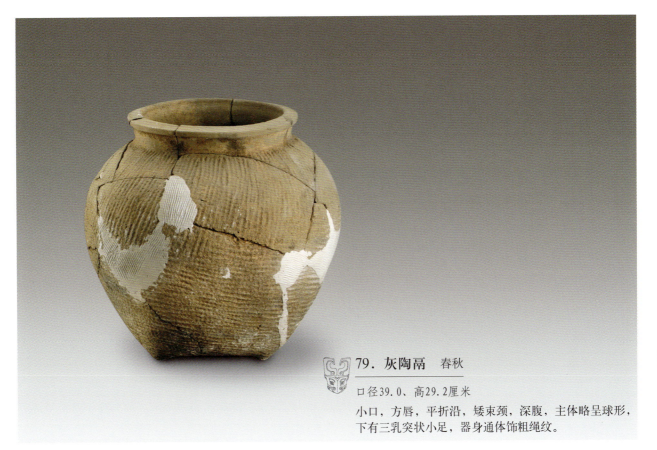

79. 灰陶瓿　春秋

口径39.0、高29.2厘米

小口，方唇，平折沿，矮束颈，深腹，主体略呈球形，下有三乳突状小足，器身通体饰粗绳纹。

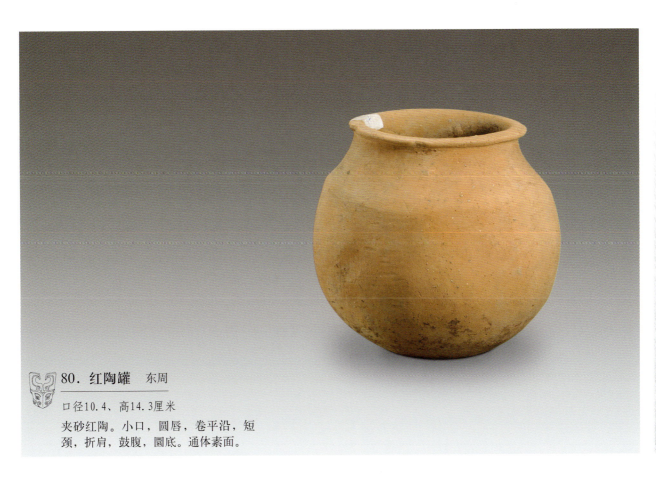

80. 红陶罐　东周

口径10.4、高14.3厘米

夹砂红陶。小口，圆唇，卷平沿，短颈，折肩，鼓腹，圜底。通体素面。

81. 灰陶豆　春秋

左：口径13.7、足径9.1、高10.5厘米

右：口径13.1、足径9.0、高10.7厘米

浅盘，圜底，矮柄，喇叭形圈足，素面，圈足处有数周刮痕。

 82. 灰陶盖鼎 战国

口径15.5、通高23.2厘米

灰陶。鼎身半球形，子母口，深腹，圜底，两附耳，三圆柱状足。鼎盖豆形，上有一圈足状纽，鼎身上半部及盖施彩绘，大部分脱落。

沂源文物精粹

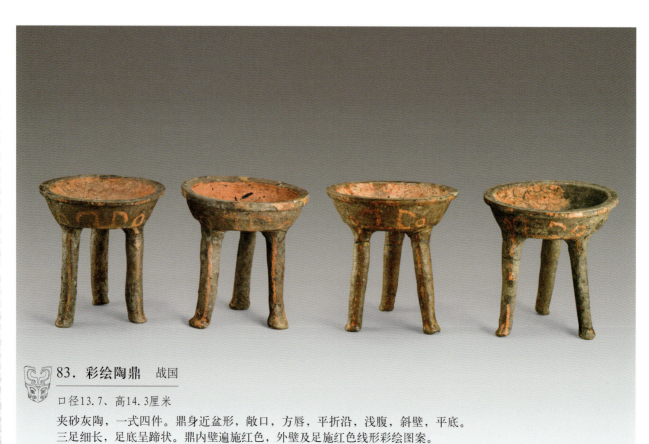

83. 彩绘陶鼎 战国

口径13.7、高14.3厘米

夹砂灰陶，一式四件。鼎身近盆形，敞口，方唇，平折沿，浅腹，斜壁，平底。
三足细长，足底呈蹄状。鼎内壁遍施红色，外壁及足施红色线形彩绘图案。

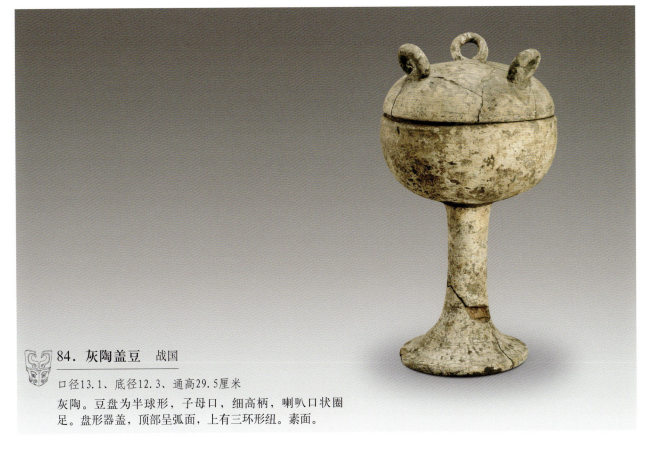

84. 灰陶盖豆 战国

口径13.1、底径12.3、通高29.5厘米

灰陶。豆盘为半球形，子母口，细高柄，喇叭口状圈足。盘形器盖，顶部呈弧面，上有三环形纽。素面。

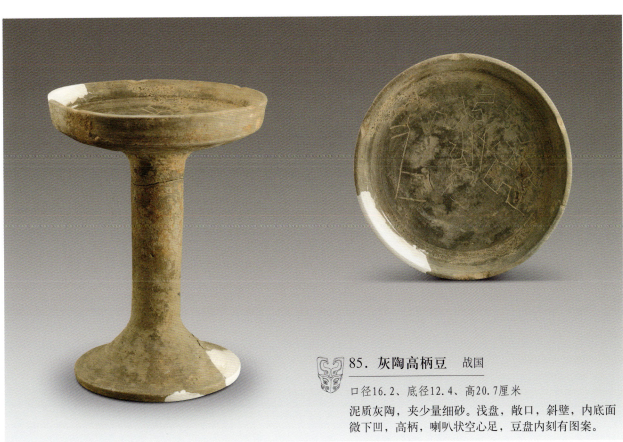

85. 灰陶高柄豆 战国

口径16.2、底径12.4、高20.7厘米

泥质灰陶，夹少量细砂。浅盘，敞口，斜壁，内底面微下凹，高柄，喇叭状空心足，豆盘内刻有图案。

沂
源
文
物
精
粹

 86. 彩绘陶盖豆 战国

口径15.0、底径14.3、通高31.9厘米

泥质灰陶。豆盘呈半球形，细长柄，喇叭形圈足；
盖亦呈豆形。通体饰彩绘，豆盘外壁饰雷文。

87. 彩绘龙耳方座陶簋 战国

通长41.0、口径15.5、底座高8.0、底径16.4×16.5、通高29.5厘米

灰陶。簋身呈深腹碗形，两侧各附一龙形耳，下有方座。器盖捉手做莲花瓣状。通体施红色彩绘，部分脱落。

88. 彩绘凤耳陶簋 战国

口径15.6、底径13.5、通高20.0厘米

灰陶。器身略呈筒形，口部微敛，深腹，下腹微
收，圆饼形大平底。器身两侧各附一凤形耳。弧
面盖。通体施红色彩绘，大部分脱落。

 89. 灰陶敦 战国

宽20.8、高14.3厘米

灰陶。器身略呈半球形，子母口，口部略
方，小平底，两环形耳。器盖呈弧面，上
有四环形纽。器身上部施白色彩绘。

沂源文物精粹

90. 褐陶杯　战国

口径12.5、底径6.7、高15.0厘米

夹细砂褐陶。敞口，圆唇，斜壁，颈部
内收，略呈喇叭筒状，平底。

91. 褐陶弦纹洗　战国

口径19.0、底径8.9、高10.2厘米

侈口，圆唇，斜折沿，上腹壁较直，下腹
壁斜收，小平底。腹部饰三道较宽的凹弦
纹，下腹外壁有工具刮抹痕迹。

陶
瓷
器

 92. 红陶范 商周

长13.0、宽9.5、厚5.0厘米

夹细砂红陶。长方体，一面有"甲"
字形凹槽，一面有圆形凹槽。

 93. 红陶范 东周

长11.8、宽7.7、厚4.0厘米

夹细砂红陶。近长方体，凹槽形状近
"U"形，似为弩机构件"臂"的陶范。

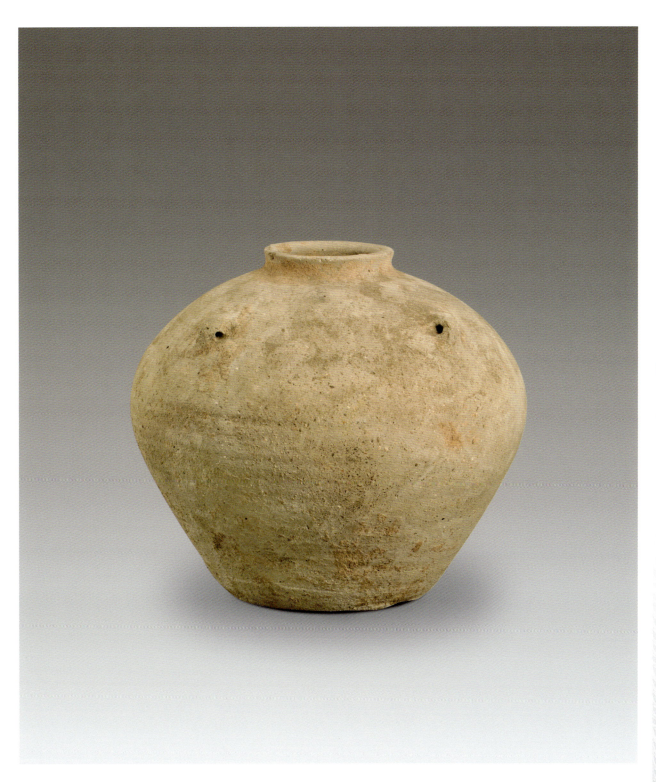

 94. 灰陶四系罐 东汉

口径7.5、高19.4厘米

泥质灰陶。小直口，矮直领，丰肩，
鼓腹，平底。肩部置四系，素面。

沂
源
文
物
精
粹

 95. 彩绘陶香薰 汉代

直径12.0、通高9.0厘米

　　上下两半，饰三角浅镂纹，盖上有五
孔，柄座缺失，捉手、口沿稍残。

 96.釉陶壶 汉代

口径13.5、底径14.7、高31.0厘米

泥质红陶。盘口,高束颈,溜肩,鼓腹,下腹部内收直下,大平底。肩部
上下饰两组弦纹,下方弦纹位置左右各饰一铺首衔环。器身通体施绿釉。

沂源文物精粹

97. 灰陶灶 汉代

长19.0、宽15.8、高11.5厘米

泥质灰陶。明器。平面整体呈长方体，灶门呈正方形，灶顶面
上有两小一大三个凸出的圆形灶眼，呈"品"字形排列。

 98. "长乐未央"瓦当　汉代

直径16.0、厚2.0厘米

灰陶。圆瓦当，当面中间及外侧各有两圈凸弦纹，内圆中部有一
大乳丁，双线"十"字栏界穿过乳丁，将当面分为四区，内有阳
文篆书"长乐未央"四字，顺序为逆时针旋读。

沂
源
文
物
精
粹

 99. "宫官"瓦当　汉代

直径18.2、厚3.0厘米

灰陶。圆瓦当，当面饰内外两重弦纹，并有"十"字界栏分为四区，内圆饰四乳丁，外圈上下区有阳文篆书"宫官"二字，左右两区饰云纹。

 100. 灰陶瓦　汉代

长29.7、宽28.2厘米

灰陶板瓦。素面，两角稍残。

 101. 穿璧纹灰陶砖 汉代

长37.5、宽26.0、厚7.6厘米

灰陶。一面饰连续的三角形几何纹，一面饰连续的穿璧纹，中间点缀有草叶纹等。

102. 方格纹灰陶砖 汉代

长40.6、宽40.0、厚4.0厘米

灰陶。大体呈方形，正面饰方格纹，背面素面，四周边沿稍残。

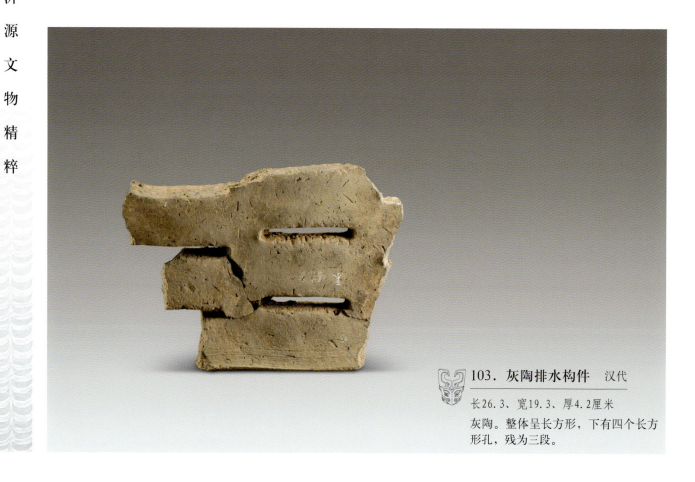

103. 灰陶排水构件 汉代

长26.3、宽19.3、厚4.2厘米

灰陶。整体呈长方形，下有四个长方形孔，残为三段。

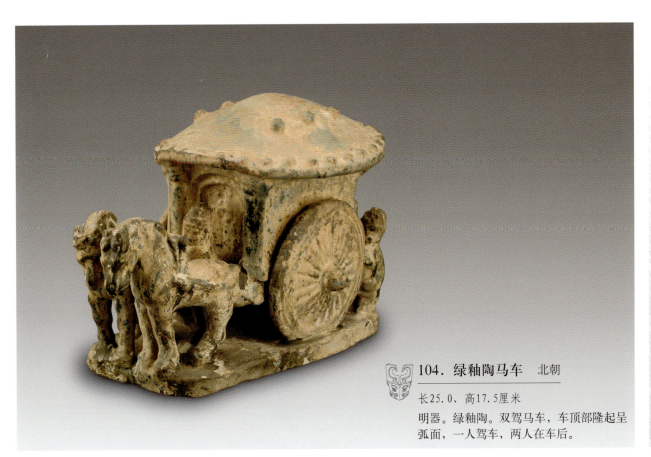

104. 绿釉陶马车 北朝

长25.0、高17.5厘米

明器。绿釉陶。双驾马车，车顶部隆起呈
弧面，一人驾车，两人在车后。

沂源文物精粹

105. 青瓷罐　唐代

口径11.8、底径11.2、高39.5厘米

小直口，直领，溜肩，鼓腹，腹壁斜收，挖足。
肩颈间置四系。上部施青釉，下部露胎。

 106. 青瓷罐 唐代

口径8.2、底径6.0、高6.7厘米

敛口，小卷沿，鼓腹，璧形足。器身外壁上半截施青釉。

 107. 白瓷罐 宋代

口径9.7、足径6.9、高12.2厘米

直口，高直领，丰肩，鼓腹，腹下壁斜收，圈足。肩部饰四朵黑花。上部施白釉，下部露胎。

沂源文物精粹

108. 白瓷砚 宋代

口径16.1、高5.7厘米

侈口，直腹，内壁呈圜底形，圈足，腹下部有一
孔。器内外施白釉，外底部无釉露胎。

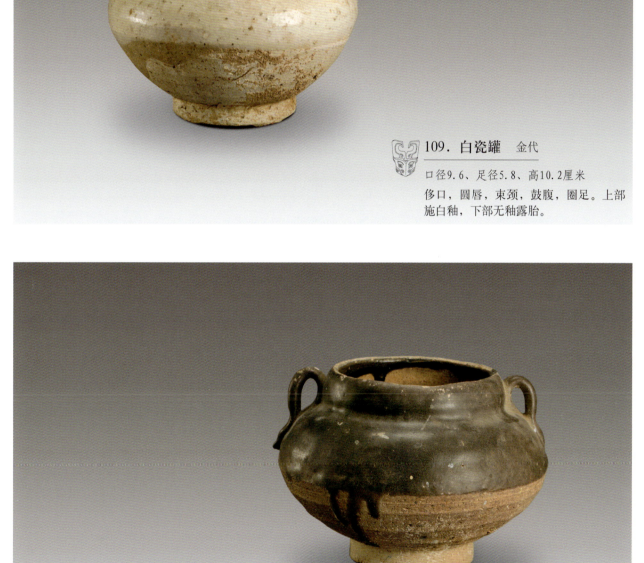

109. 白瓷罐 金代

口径9.6、足径5.8、高10.2厘米

侈口，圆唇，束颈，鼓腹，圈足。上部施白釉，下部无釉露胎。

110. 黑釉双系罐 金代

口径8.6、足径6.5、高9.6厘米

敛口，矮领，丰肩，鼓腹，整体呈扁圆形，矮圈足。肩颈间置双系，上部施黑釉，下部无釉露胎。

 111. 酱釉四系瓶　金代

口径7.2、底径8.0、高28.5厘米

小敛口，直领，溜肩，椭圆形腹，小平底。肩颈间
置四系。肩以上施酱釉，肩以下无釉露胎。

 112. 酱釉水注　金代

长11.0、宽3.9、高7.9厘米

器身呈鱼形，鱼头上翘，鱼嘴为出水口，鱼腹两
侧各饰一龙纹，鱼身上有一弧形扁提梁，腹部有
一注水口。上部施酱釉，足部无釉露胎。

 113. 白地黑花盆　元代

口径34.1、底径17.2、高10.8厘米

敞口，圆唇，卷沿，斜壁，圈足。器内施白釉，口沿饰莲瓣纹，内
壁饰两折枝花，底部绘荷叶纹，外壁无釉露胎。磁州窑系产品。

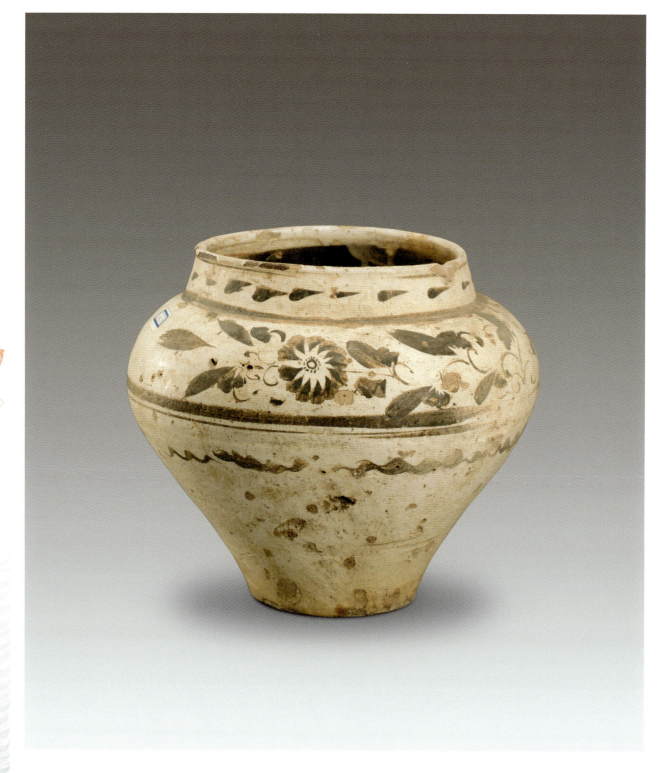

114. 白地黑花罐　元代

口径17.5、底径11.0、高22.5厘米

敛口，圆唇，矮斜领，丰肩，鼓腹，腹下半部内收，圈足。
器表施白釉，内施酱釉。器身上部饰折枝牡丹纹。

115. 白地黑花罐 元代

口径19.1、底径13.4、高24.8厘米

敛口，圆唇，矮斜领，丰肩，鼓腹，腹下半部内收，圈足。器表施白釉，内施酱釉。器身饰折枝牡丹纹、弦纹、波纹等。

116．白地黑花罐　元代

口径17.8、足径11.5、高24.1厘米

敛口，圆唇，矮斜领，丰肩，鼓腹，腹下半部内收，圈足。器表上部
施白釉，下部施酱釉，内壁施酱釉。器表上部饰折枝花、弦纹。

 117. 白地褐花罐　元代

口径18.8、底径13.2、高26.1厘米

敛口，圆唇，矮斜领，丰肩，鼓腹，腹下半部斜收，圈足。
通体施白釉，口沿至腹部饰缠枝花、波纹等。

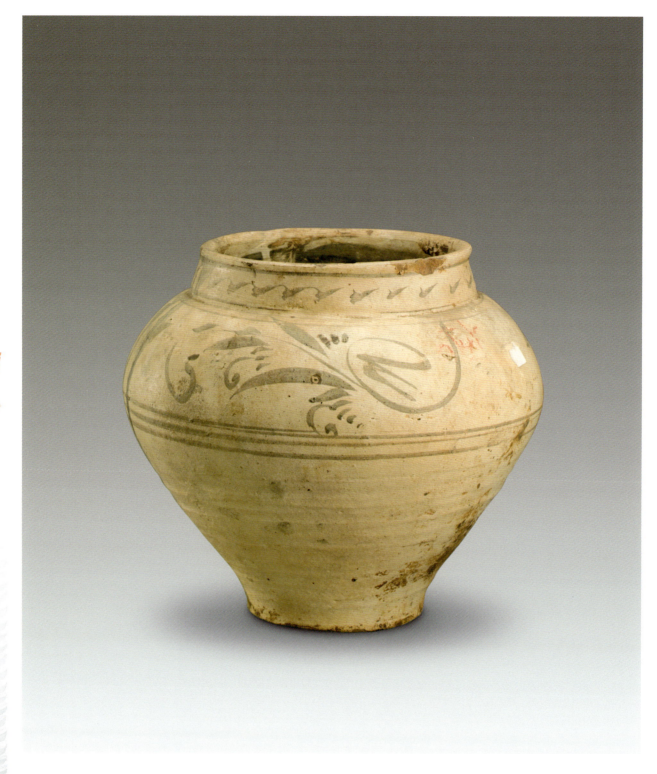

118. 白地黑花罐　元代

口径17.2、底径11.5、高23.3厘米

敛口，圆唇，矮斜领，丰肩，鼓腹，腹下半部斜收，小
平底。通体施白釉，口沿至腹部饰折枝花、弦纹等。

 119. 白地黑花四系瓶　元代

口径4.7、足径9.5、高22.6厘米

侈口，圆唇，束颈，溜肩，椭圆腹，圈足。肩颈间置四
系，上部施白釉，下部施黑釉，肩腹部饰黑花和弦纹。

 120. 白釉四系瓶　元代

口径4.9、足径9.5、高29.4厘米

侈口，圆唇，束颈，溜肩，椭圆腹，圈足。肩颈间置四系，上部施白釉，肩部有"官"字，下部施黑釉。

 121. 白地黑花四系瓶　元代

口径7.3、底径7.6、高32.5厘米

直口，溜肩，椭圆形深腹，圈足。肩颈间置四系。上部施白釉，下部无釉露胎。肩部饰黑花。

陶
瓷
器

122. 白地黑花玉壶春瓶 元代

口径8.3、足径8.1、高26.8厘米

喇叭口，束颈，溜肩，硕腹，矮圈足。上部施
白釉，下部施酱釉，上腹饰缠枝花。

123. 白地黑花玉壶春瓶　元代

口径5.8、足径7.6、高23.8厘米

喇叭口，束颈，溜肩，椭圆腹，圈足。上部施白釉，
下部施黑釉，上腹饰折枝花、弦纹等。

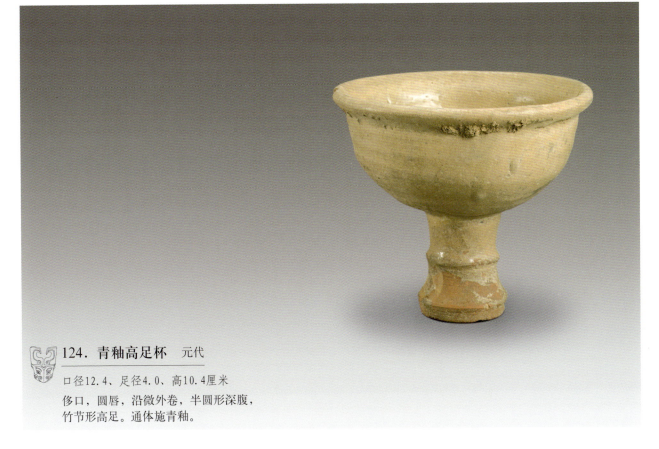

124. **青釉高足杯** 元代

口径12.4、足径4.0、高10.4厘米

侈口，圆唇，沿微外卷，半圆形深腹，
竹节形高足。通体施青釉。

125. **黑釉高足杯** 元代

口径9.0、足径5.0、高8.5厘米

侈口，圆唇，卷沿，弧壁，深腹，高足。通体施黑釉。

126. 褐釉玉壶春瓶　明代

口径6.3、底径7.5、高22.4厘米

喇叭口，束颈，溜肩，大鼓腹，圈足。器
身上半部施褐釉，下部近底处露胎。

陶
瓷
器

127. **青花杯**　明代

小：口径5.9、足径2.4、高3.9厘米

大：口径6.6、足径2.5、高4.4厘米

小：侈口，卷沿，深腹，圈足。外壁绘喜鹊登梅纹，内底饰一花卉款。

大：侈口，卷沿，深腹，圈足。外壁绘折枝寿桃纹，内底饰一花卉款。

128. **酱釉四系小罐**　清代

口径7.4、底径7.2、高8.9厘米

直口，矮直领，丰肩，鼓腹，圈足，肩部置
四系。器表上部施酱釉，下部无釉露胎。

 129. 蓝釉小瓷罐 清代

口径8.2、底径8.3、高9.8厘米

器身子口，深腹，平底，白底蓝釉，饰"万"字、草叶纹，有饼装器盖。

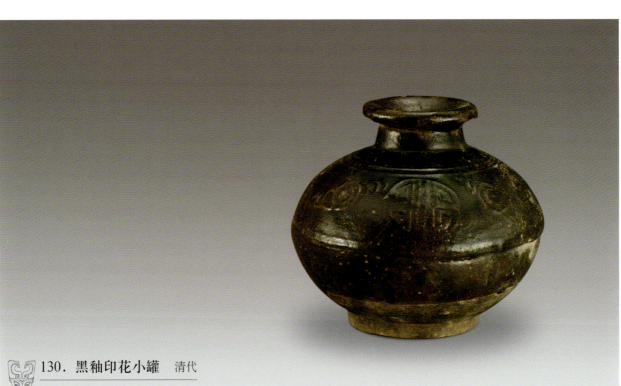

 130. 黑釉印花小罐 清代

口径7.4、底径8.6、高14.1厘米

侈口，圆唇，卷沿，束颈，丰肩，鼓腹，矮圈足，器身整体呈扁圆形。外壁施黑釉，近底处露胎，上腹部印花。

131. 黑釉小瓷壶 清代

口径7.4、底径7.3、高11.1厘米

侈口，圆唇，卷沿，束颈，斜肩，折腹，矮圈足。器表上半部施黑釉，下半部露胎。颈与肩部有两道弦纹，颈与肩部印有"天和"二字。

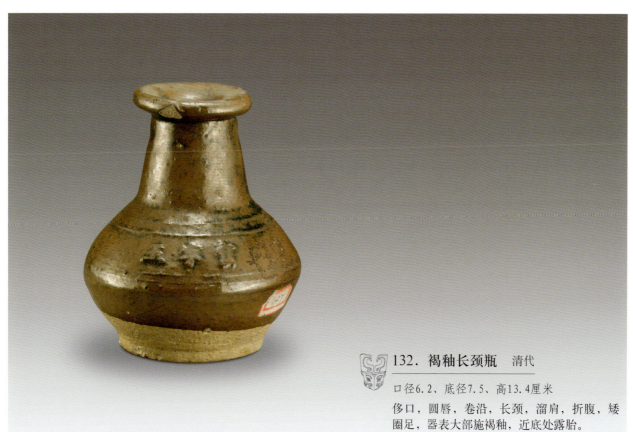

132. 褐釉长颈瓶 清代

口径6.2、底径7.5、高13.4厘米

侈口，圆唇，卷沿，长颈，溜肩，折腹，矮圈足，器表大部施褐釉，近底处露胎。

 133. 紫砂壶　清代

口径8.9、底径10.0、通高18.0厘米

壶盖断为两截，壶身多处裂纹，盖和器身有铁质和铜质锔子简单修复，腹部题七言绝句一首，器外底有"阳羡政和"四字阳文篆书款。

沂
源
文
物
精
粹

 134. 褐釉印花水注　清代

口径5.3、通高5.4厘米

柄稍残。

 135. 青釉缠枝牡丹纹笔筒 清代

口径17.8、高15.3厘米

直口，直腹，璧形底。内壁施白釉，外壁施青釉，为缠枝牡
丹纹，外底有双圈"大清康熙年製"六字三行青花楷书款。

 136. 酱釉印花瓷灯　　清代

底径11.8、通高20.8厘米

 137. 金簪 元代

长8.0厘米，重1.5克

纯金材质。簪身细长，尾部略饰
纹络，尾端卷曲呈钩状。

沂
源
文
物
精
粹

138. "樂安县" 银元宝　　清代

高6.3厘米，重1.86千克

纯银材质。元宝状，平底，底部呈蜂窝状，上部印有"樂安县"三字阳文长条印。

139. "東海関" 银元宝　　清代

高5.0厘米，重0.42千克

银质。元宝状，底部呈蜂窝状，上部印有"東海関"、"匠张連珠"两个阳文长条印。

 140．"壽"字银元宝　清代

左：高2.1厘米，重34.1克
右：高2.0厘米，重34.1克
银质。元宝状，平底，一侧呈蜂窝状，上部
印有"壽"字圆形阳文印。

 141．银戒指　民国

重3.3克
指面后有字。

沂源文物精粹

142. 饕餮纹铜铙 商代

通高23.0、舞长13.5、舞宽9.9、铙长14.7、铙间距17.9厘米

铙体为合瓦形，横宽，口部内凹；柄为圆筒状，有锥度，下粗上细，中空与铙体相通。"正鼓"处作方形突起。外表两面皆饰饕餮纹，铙体内部近口处饰一凸弦纹，内部光滑，未见调音痕迹。铙部到舞部中心，一直到柄部有清晰的范线，浇铸口与排气口均在柄部。

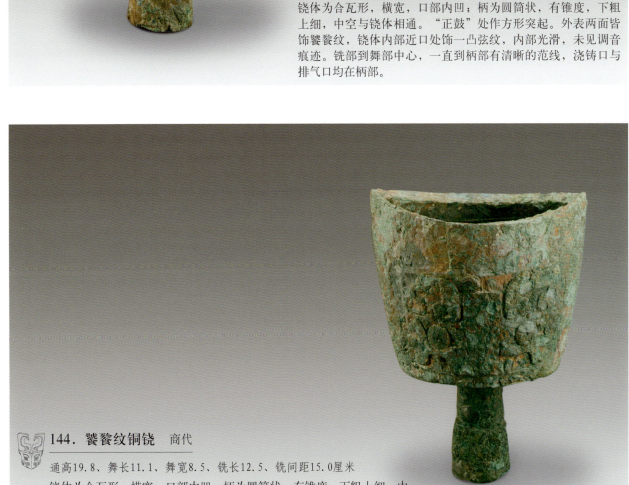

143. 饕餮纹铜铙　商代

通高16.4、舞长8.9、舞宽6.7、铙长9.7、铙间距11.4厘米

铙体为合瓦形，横宽，口部内凹；柄为圆筒状，有锥度，下粗上细，中空与铙体相通。"正鼓"处作方形突起。外表两面皆饰饕餮纹，铙体内部近口处饰一凸弦纹，内部光滑，未见调音痕迹。铙部到舞部中心，一直到柄部有清晰的范线，浇铸口与排气口均在柄部。

144. 饕餮纹铜铙　商代

通高19.8、舞长11.1、舞宽8.5、铙长12.5、铙间距15.0厘米

铙体为合瓦形，横宽，口部内凹；柄为圆筒状，有锥度，下粗上细，中空与铙体相通。"正鼓"处作方形突起。外表两面皆饰饕餮纹，铙体内部近口处饰一凸弦纹，内部光滑，未见调音痕迹。铙部到舞部中心，一直到柄部有清晰的范线，浇铸口与排气口均在柄部。

 145．直内戈 *商代*

通长26.8、援长19.3、内长7.5厘米

无胡直内戈，援宽而长，中间起脊，截面呈菱形；有上下阑，下阑略长于上阑；内部有一圆穿，末端有几何形装饰纹，铭文"臣"字。

 146．銎内戈 *商代*

通长22.0、援长15.6厘米

銎内，直身，无胡无穿，援长而宽，中部起脊。器身有织物残存，銎孔内有捆绑痕迹。锋、刃部微残。

147. 环首铜削　商代

通长22.5、刃长12.3、柄长9.6厘米

整体为弧形，刀背上凸，刃微凹。刀身与刀柄间有凸起的格；刀身宽于刀柄，相接
处刀身下端略呈直角。窄长刀柄，饰叶脉纹，中部有横向凹槽。椭圆形环首。

148. 嵌绿松石铜弓形器　商代

长30.4、通高9.9、弓背长17.2、中宽5.2、銮铃径2.7厘米

弓背中部饰凸棱纹，嵌绿松石，弓背与弓臂连接处各有一镂孔，
两弓臂臂端饰镂孔瓣状銮铃，镂孔为四个，内有卵石。

沂源文物精粹

149. 嵌绿松石铜弓形器　商代

长34.6、通高10.2、弓背长18.6、中宽5.6、銮铃径3.1厘米

弓背中部饰太阳纹，嵌绿松石，两弓臂臂端饰镂孔瓣状銮铃，镂孔为四个，内有卵石。

青
铜
器

 150. 菱形方格纹兽首铜车具　商代

长27.5、直径1.5厘米

兽首圆柱状，中空，顶端有一穿孔，柱体饰菱
形方格纹，柱体断裂。

沂源文物精粹

151. 夔龙纹铜鼎　西周

口径30.2、高30.3厘米

盆形圆鼎。侈口，窄折沿，方唇，圆腹圜底；两耳宽方，微外卷；三蹄足。耳外侧饰两道凹槽，腹外壁上部饰夔龙纹六组，其下饰一周凸棱纹，足跟部饰兽面吞口，有短扉棱。三条腹、足范线从口沿经腹部到足端，三条底范线呈三角形。

 152. 窃曲纹铜鼎　西周

口径28.3、高26.4厘米

盆形圆鼎。侈口，窄折沿，方唇，圆腹圜底，两耳微外撇，
三蹄足。腹外壁饰两周窃曲纹，中间饰一周凹棱纹。三条
腹、足范线，从口沿经腹部到足端。三条底范线呈三角形。

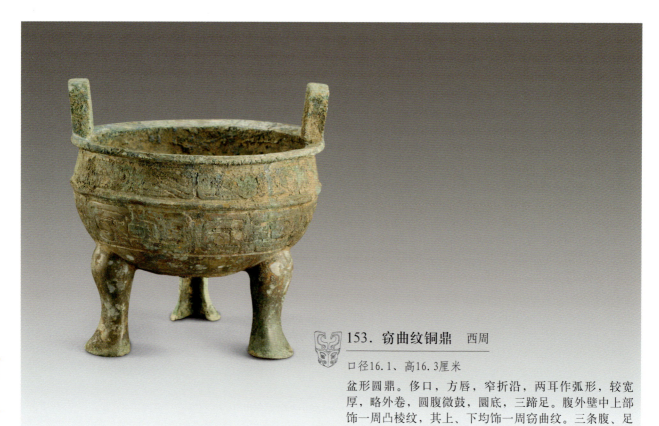

沂
源
文
物
精
粹

153. 窃曲纹铜鼎 西周

口径16.1、高16.3厘米

盆形圆鼎。侈口，方唇，窄折沿，两耳作弧形，较宽厚，略外卷，圆腹微鼓，圜底，三蹄足。腹外壁中上部饰一周凸棱纹，其上、下均饰一周窃曲纹。三条腹、足范线从口沿经腹部到足端，三条底范线呈三角形。

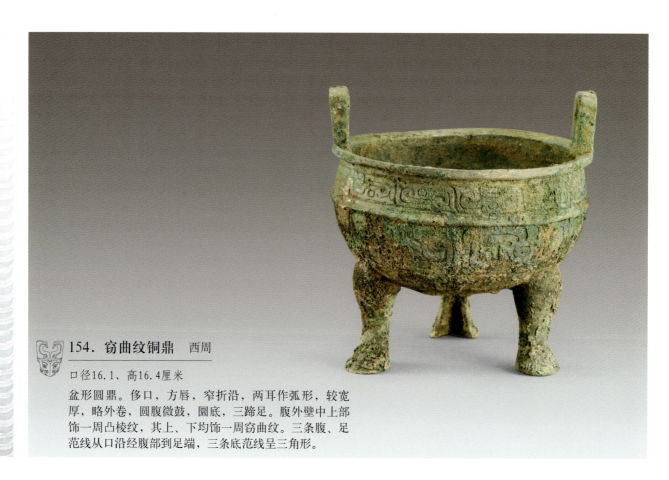

154. 窃曲纹铜鼎 西周

口径16.1、高16.4厘米

盆形圆鼎。侈口，方唇，窄折沿，两耳作弧形，较宽厚，略外卷，圆腹微鼓，圜底，三蹄足。腹外壁中上部饰一周凸棱纹，其上、下均饰一周窃曲纹。三条腹、足范线从口沿经腹部到足端，三条底范线呈三角形。

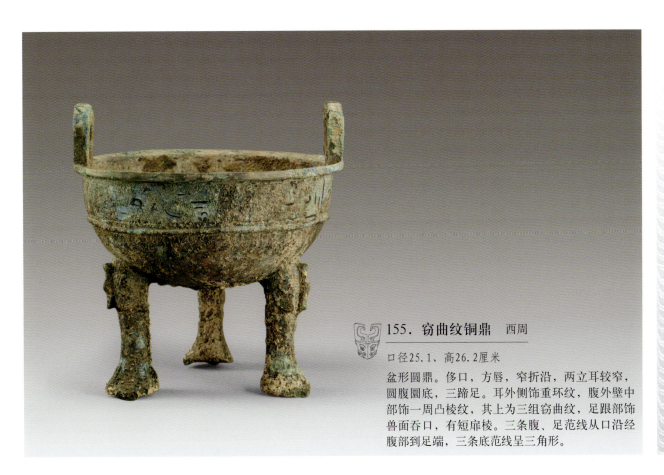

155. 窃曲纹铜鼎 西周

口径25.1、高26.2厘米

盆形圆鼎。侈口，方唇，窄折沿，两立耳较窄，圆腹圜底，三蹄足。耳外侧饰重环纹，腹外壁中部饰一周凸棱纹，其上为三组窃曲纹，足跟部饰兽面吞口，有短扉棱。三条腹、足范线从口沿经腹部到足端，三条底范线呈三角形。

沂
源
文
物
精
粹

156. 铜簋 西周

口径20.9、底径22.2、通高26.3厘米

器身呈扁球形，圆鼓腹较浅，平底；子母口，内敛；双半
环形耳，呈兽面吞口式，下有附珥；圈足外撇，下有三小
蹄足，亦呈兽面吞口式。覆盘形盖，顶部有喇叭口形捉
纽。器身颈部周饰窃曲纹，以下饰瓦纹，圈足外侧饰垂鳞
纹。范线位于腹部双耳和双耳间中心处。盖顶捉纽内饰卷
体凤鸟纹，盖上半部饰瓦纹，盖底沿周饰窃曲纹。

青
铜
器

沂
源
文
物
精
粹

157. 窃曲纹铜簠　西周

口长28.7、口宽24.2、底长17.3、底宽14.1、通高16.3厘米

长方形斗状，器、盖同形。敞口，方唇，平折沿，斜腹，平底，
长方形圈足。足外撇，且四边中心各有一凹缺。器、盖两侧面各
有一半环形耳，呈兽面吞口式。器、盖外壁四面以及盖顶部均饰
窃曲纹，盖足外侧饰重环纹。范线位于器身、足的棱角处。

158. 垂幛纹铜方彝 西周

口长18.7、宽15.7、通高45.3厘米

方器，带盖。器身为子口，口部微收，方唇；腹部偏方，中下部略外鼓，肩部两侧各置一半环形耳，平底，长方形圈足，微外撇。器身四角均有两矮扉棱。颈部四面各有变体夔龙纹一对。腹部四壁中心均饰半月形垂幛纹，其间填以弧状凸棱纹，两侧饰叶脉状几何纹，圈足四面饰"之"字形几何纹。盖为母口，盝顶，顶上为圆形捉纽。盖四角各有一矮扉棱，盖的四面及顶部均饰有半月形垂幛纹。范线在器物四角处，在口沿部和足部见有浇铸口与排气口。

159. 铜罍 西周

口径21.3、高33.1厘米

侈口，束颈，折肩，肩部以下弧形内收，小底，喇叭口状圈足。肩部有两半环形耳，呈兽面吞口形，环内各有一扁平圆环。颈部饰夔龙纹，肩部涡纹与夔龙纹相间，腹部上部饰夔龙纹，下部为波带纹，圈足部饰垂鳞纹。

160. 夔龙纹铜罍 西周

口径14.1、底径11.4、通高20.6厘米

侈口，卷沿，方唇，束颈，斜折肩，腹微鼓，底微内凹。肩部两侧各有一兽
耳。肩部饰变体夔龙纹，折肩处饰箭形几何纹，内填"U"形纹，腹部饰三角
纹，三角纹内饰两个变体夔龙纹。范线位于两耳和两耳之间的中心部位。

 161. 铜壶 西周

口径12.0、通高52.4厘米

带盖圆壶，整体较为瘦长。器身口部较直，微侈，圆唇，颈细长，中部稍内收；溜肩，肩部两侧各有一贯耳；深腹微鼓，最大径在腹部中下部，平底，椭圆形圈足，呈喇叭口状，圈足根部两侧各有一半圆形穿孔。半球形盖，深子口，顶部带圆形捉纽，捉纽根部两侧各有一半圆形穿孔。器身肩部饰窃曲纹，圈足及盖部饰"S"形变体夔龙纹。范线位于腹、足的两侧。

沂
源
文
物
精
粹

 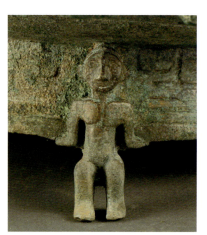 

162. 铜盘 西周

口径39.3～41.8、通高17.4厘米

侈口，方唇，窄平沿，腹部外鼓，底较平缓，圈足。两附耳，上端向
外平折，上饰一卧兽。盘口部饰两龙，龙口衔盘沿。圈足外侧附三裸
人形足。盘体腹部、圈足均饰窃曲纹，双耳饰重环纹。

163．铜匜　西周

长36.3、宽21.7、通高17.5厘米

整体呈半弧瓢形，前有半圆形长流，后有短尾，短尾下有绳索状
鋬。三足，为偶蹄目动物足状。匜身上半部饰变体凤鸟纹。

沂
源
文
物
精
粹

 164. 铜匕 西周

长21.7、宽4.6厘米

匕身呈尖叶形，微弧，柄末端饰夔龙纹。

165. 铜戈鐏 西周

长17.0、銎孔2.2～3.0厘米

上端銎状，横截面为前窄后宽的不规则椭圆形；中部有格装凸起，末端窄长较锐。上端饰三角形蕉叶纹，中部格处饰"S"形勾云纹，末端为兽面吞口形。

 166．铜戈鐏　西周

长9.0、口径2.3～3.1厘米

上粗下细，底端状似蹄足，中空，截面呈一端小一端大的
不规则椭圆形。中部饰浮雕兽面纹，下部有一对穿孔。

 167．"孔晋戈"铜戈　西周

通长17.3、援长11.5、内长5.8厘米

援较宽，两面有刃，短胡，近阑处有二穿，内宽平，上有一蘑菇
钉穿，援近穿处可见三字，阴文，漫漶，或为"孔晋戈"。

沂源文物精粹

168. 重环纹铜鼎 春秋

口径26.8、高26.7厘米

侈口，窄平折沿，方唇，两立耳微外张，腹微鼓呈
半圆形，圆底，三蹄足。上腹部饰一周重环纹，中
部饰一凸弦纹。三条底范线呈三角形。

 169. 窈曲纹铜鼎 春秋

口径37.0、高35.6厘米

侈口，窄平折沿，方唇，两立耳外展，腹微鼓呈半圆形，圆底，三蹄足。上腹部有窈曲纹，腹下有一凸弦纹。

170. 夔龙纹铜鼎　春秋

口径33.7、高31.0厘米

侈口，窄平折沿，方唇，两立耳微展，腹微鼓呈
半圆形，圜底，三蹄足。上腹部饰夔龙纹。

 171. 铜敦 战国

口径15.6、通高17.3厘米

器盖同形，扣合呈球状。敦身子口，半圆形，两侧各有一
环形附耳，底部有环形三足。敦盖稍小。通体素面。

 172．铜盖豆　战国

口径13.5、通高38.0厘米

豆盘为半球形，子母口，两环形耳。豆柄为细高圆柱形，喇叭口形圈足。器盖为半球形，上有三环形纽。通体素面。

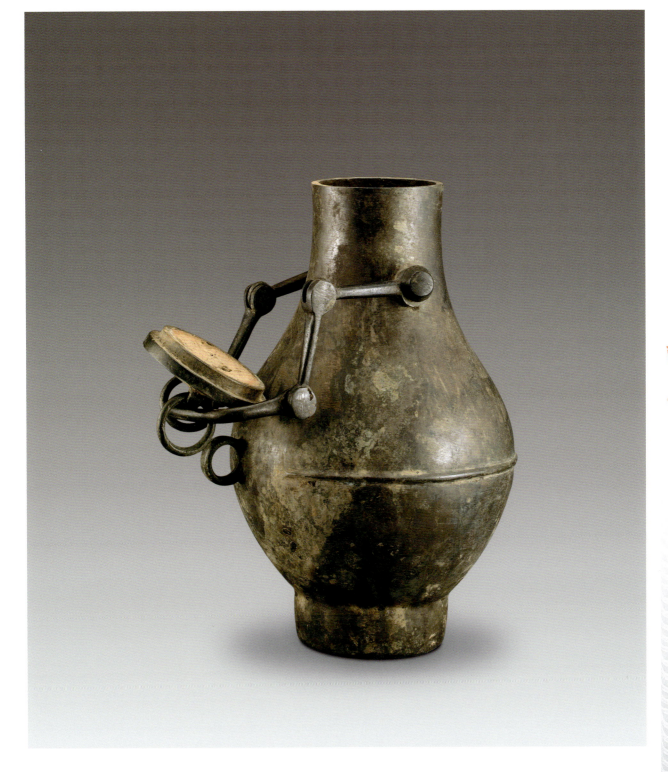

173. 铜提梁壶 东周

口径7.0、足径9.0、通高39.5厘米

由壶身、壶盖和提梁组成。子母口，直颈，溜肩，圆腹，高圈足。腹部饰一弦纹，有一环形　。提梁由四竹节形构件连接一弓形提手组成，盖上两环与竹节相连。

沂
源
文
物
精
粹

174. 铜提梁罐 战国

口径4.4、底径5.0厘米

共两件，罐身大小相同，其中一件罐盖和提梁缺失。器身为直口，斜沿，矮领，斜折肩，小平底。肩部有二半环纽，上联提梁，提梁由三节组成，各有圆环相联。器盖为斜直口盘形，顶部较平。通体素面。

175. 铜盘 战国

口径37.3～37.5、足径16.7、通高9.5厘米

侈口，平沿，上腹较直，中下部折收，矮圈足。盘两侧各有一环耳，上缀铜环。素面，可见范线。

 176. 铜匜 东周

长20.3、宽12.3、高9.8厘米

器身整体呈瓢形，前有向上翘起的流，后有
环形鋬，小平底，通体素面。

 177. 铜铷 东周

器体长17.0、宽13.2、盖长17.9、宽14.0、高12.8厘米

器身为椭圆形直口，下部内收，平底。器身长端两侧各有
一环形鋬。器盖为椭圆口盘形，顶部微鼓，上有三环形
纽。通体素面。

沂
源
文
物
精
粹

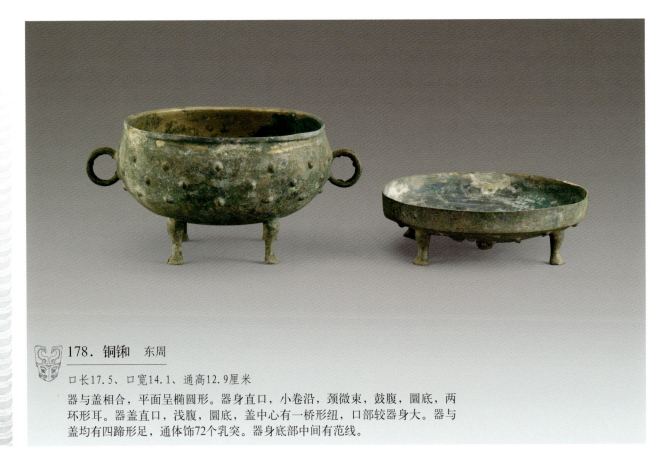

178. 铜铏 东周

口长17.5、口宽14.1、通高12.9厘米

器与盖相合，平面呈椭圆形。器身直口，小卷沿，颈微束，鼓腹，圜底，两环形耳。器盖直口，浅腹，圜底，盖中心有一桥形纽，口部较器身大。器与盖均有四蹄形足，通体饰72个乳突。器身底部中间有范线。

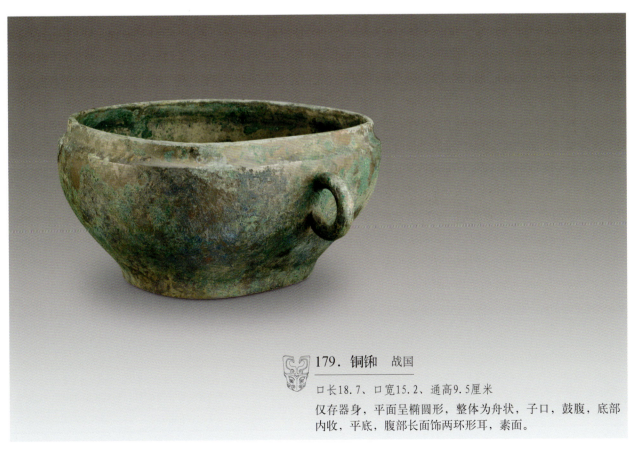

179. 铜銋　战国

口长18.7、口宽15.2、通高9.5厘米

仅存器身，平面呈椭圆形，整体为舟状，子口，鼓腹，底部内收，平底，腹部长面饰两环形耳，素面。

沂
源
文
物
精
粹

 180. 蛇首铜带钩　战国

长9.3、宽1.0厘米

 181. 鹅首铜带钩　战国

长7.4、宽1.0厘米

182. "国之公戈"铜戈　战国

通长27.8、援长17.8、内长11.5厘米

援较窄，拱形微曲，中部起棱脊，胡较长，底部呈直角，无上阑，下阑较长，有三长方穿。直内，末上角为锐角，内中一长方形穿。援上下、胡前部及内尾端三边均有刃，内尾端有阴文"国之公戈"四字，稍漫漶。

183. 铜戈　战国

通长20.5、援长12.8、内长7.7厘米

直内，上有一蘑菇形大穿，内下角为缺口，长胡，下端弧形，无上阑，下阑较长，三长方形穿。援较窄平，援上下及胡前部均有刃。

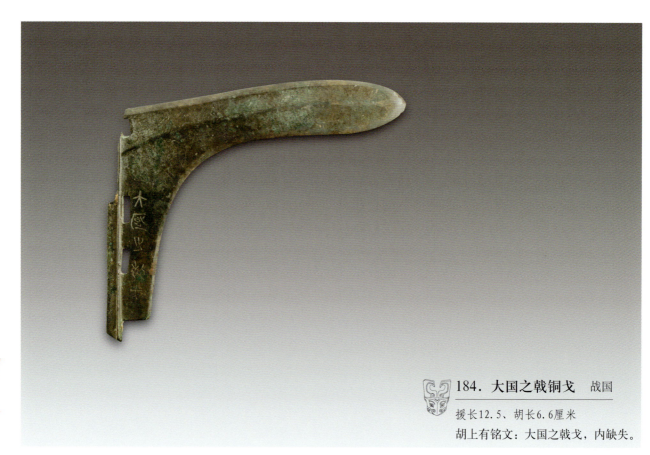

沂
源
文
物
精
粹

184．大国之戟铜戈　战国

援长12.5、胡长6.6厘米

胡上有铭文：大国之戟戈，内缺失。

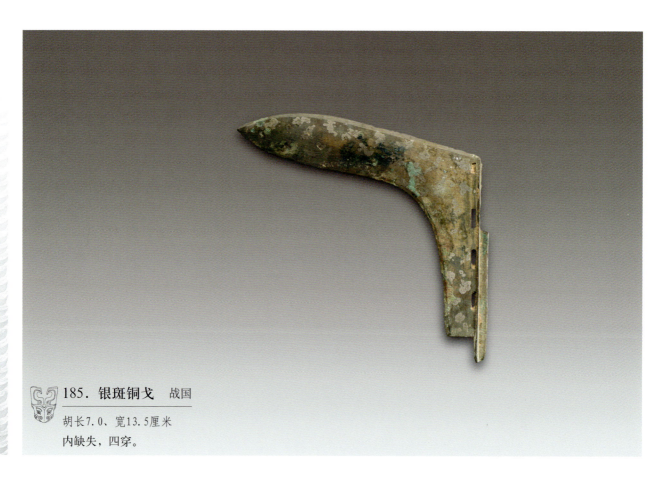

185．银斑铜戈　战国

胡长7.0、宽13.5厘米

内缺失，四穿。

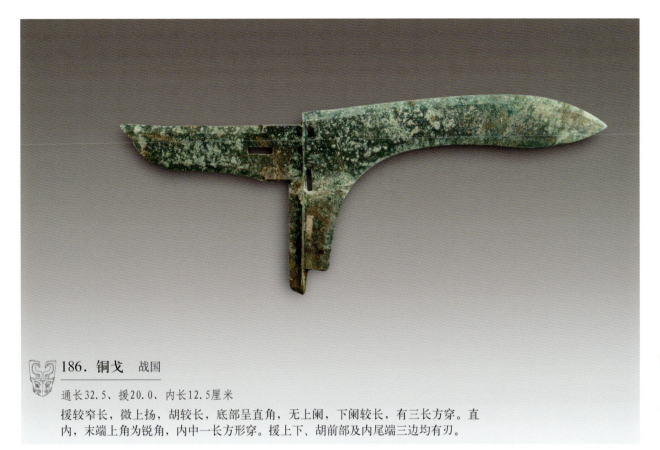

186. 铜戈　战国

通长32.5、援20.0、内长12.5厘米

援较窄长，微上扬，胡较长，底部呈直角，无上阑，下阑较长，有三长方穿。直内，末端上角为锐角，内中一长方形穿。援上下、胡前部及内尾端三边均有刃。

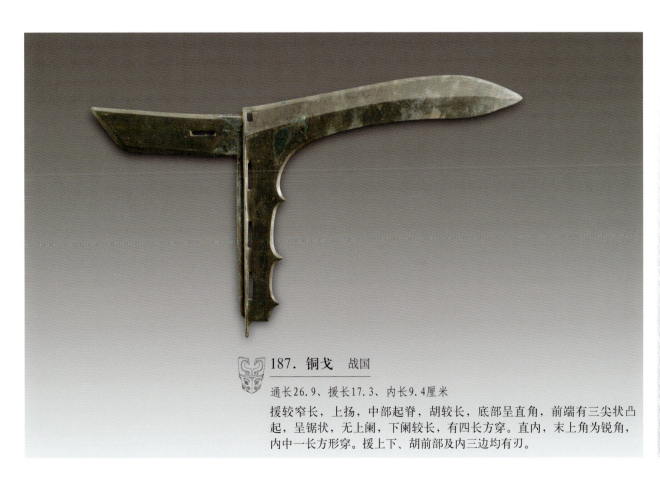

187. 铜戈　战国

通长26.9、援长17.3、内长9.4厘米

援较窄长，上扬，中部起脊，胡较长，底部呈直角，前端有三尖状凸起，呈锯状，无上阑，下阑较长，有四长方。直内，末上角为锐角，内中一长方形穿。援上下、胡前部及内三边均有刃。

188. 铜戈 战国

通长27.8、援长16.8、内长10.8厘米

援较窄平,上扬,胡较长,底部呈直角,无上阑,下阑较长,有三长方穿。直内,末上角为锐角,内中一长方形穿。援上下、胡前部及内三边均有刃。

189. 铜戈 战国

通长18.8、援长10.2、内长8.0厘米

援较短,窄平,微上扬,中部起脊,胡较长,底部呈直角,无上阑,下阑较长,有三长方穿。直内,内中一长方形穿。援上下、胡前部均有刃。

190. 铜矛　战国

通长17.2、骹长7.7、銎孔径1.4厘米

叶呈三棱状，骹为圆锥形，中空，中部有一对穿孔，
整体较细长，推测或为戟矛。

191. 铜剑　春秋

通长27.6厘米

短剑，扁茎，无格，剑身有高棱脊。

沂
源
文
物
精
粹

 192. 圆首嵌绿松石铜剑 战国

通长50.1厘米

圆首，呈璧状，圆茎，茎中空，茎部嵌
绿松石，菱形薄格，剑身中部起脊，横
截面呈菱形，前端近锋处内收。

 193. 铜剑 战国

通长50.0厘米

圆首，圆茎，颈部有二竹节状凸箍，厚格，剑身中
部起脊，横截面呈菱形，剑锷前端收狭。

194. 铜剑 战国

通长56.7厘米

圆首，圆茎，颈部有二竹节状凸箍，厚格，剑
身中部起脊，横截面呈菱形，剑锷前端收狭。

143

青

铜

器

沂
源
文
物
精
粹

195. 铜削　战国

通长22.7、宽1.6厘米

椭圆形环首，窄扁颈，窄刀身，刀背略呈"S"形。

196. 铜镞　战国

共十件，通长5.3～7.3、刃（残）长3.2～4.5厘米

双翼后展，中部起脊，刃部较锋利。

197. 铜马衔环　战国

长20.0厘米

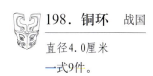
198. 铜环　战国

直径4.0厘米

一式9件。

青
铜
器

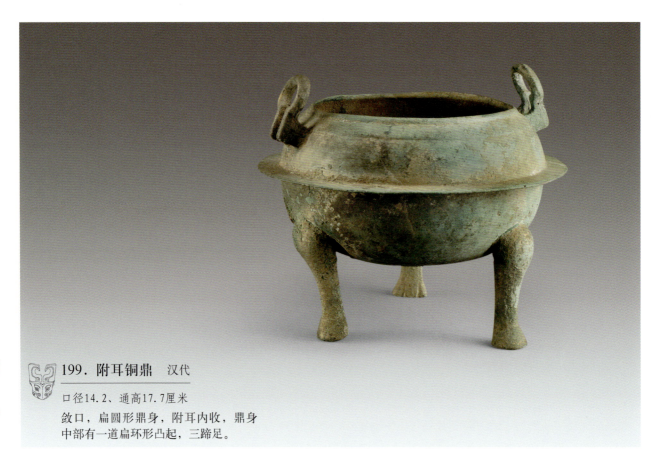

199．附耳铜鼎 汉代

口径14.2、通高17.7厘米

敛口，扁圆形鼎身，附耳内收，鼎身
中部有一道扁环形凸起，三蹄足。

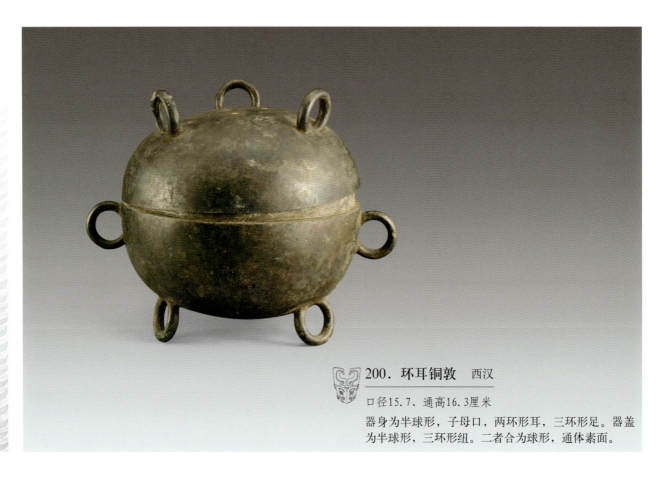

200．环耳铜敦 西汉

口径15.7、通高16.3厘米

器身为半球形，子母口，两环形耳，三环形足。器盖
为半球形，三环形纽。二者合为球形，通体素面。

 201. 环耳铜敦 西汉

口径15.7、通高16.3厘米

器身为半球形，子母口，两环形耳，三环形足。器盖
为半球形，三环形纽。二者合为球形，通体素面。

 202. 铜盂 汉代

口径21.8、高9.2厘米

侈口，宽斜沿，上腹直壁，中部内
收，圆底，下腹部有数道弦纹。

203. 鎏金小铜碗　汉代

口径7.0、底径3.9、高2.6厘米

微侈口，口沿下一圈弦纹，小平底。小碗原外部通体
鎏金，现仅在口沿、底部残留鎏金痕迹。

204. 铜鐎斗　汉代

口径16.9、高9.4厘米

侈口，蛇首柄，圜底，三蹄足，通
体素面。柄、足断，后修复。

 205. 博局纹铜镜　汉代

直径15.2厘米

主题纹样为博局和四神、乳丁，半球形
纽，宽沿，镜纽周围有十二地支阳文。

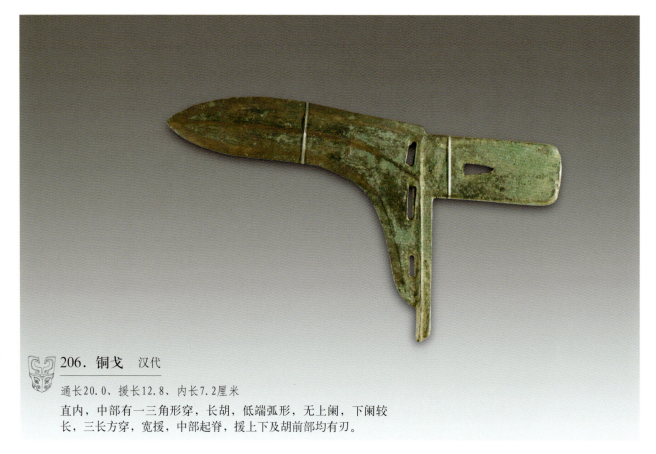

 206. 铜戈 汉代

通长20.0、援长12.8、内长7.2厘米

直内，中部有一三角形穿，长胡，低端弧形，无上阑，下阑较
长，三长方穿，宽援，中部起脊，援上下及胡前部均有刃。

150

沂源文物精粹

 208. 铜镞 汉代

通长7.5、刃长2.4厘米

双刃镞，镞身起脊，横截面为菱形，双翼突出
为刃，出后锋，细长铤。

207. 铜镞 汉代

通长5.0、刃长3.9厘米

镞身主体为圆锥形，三翼刃，较低矮，铤残断。

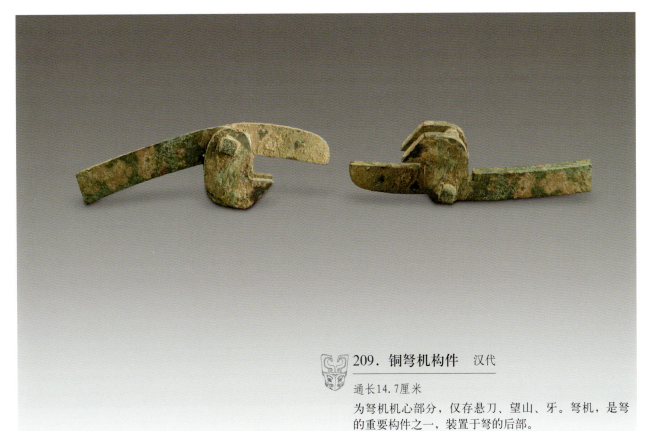

209. 铜弩机构件 汉代

通长14.7厘米

为弩机机心部分，仅存悬刀、望山、牙。弩机，是弩的重要构件之一，装置于弩的后部。

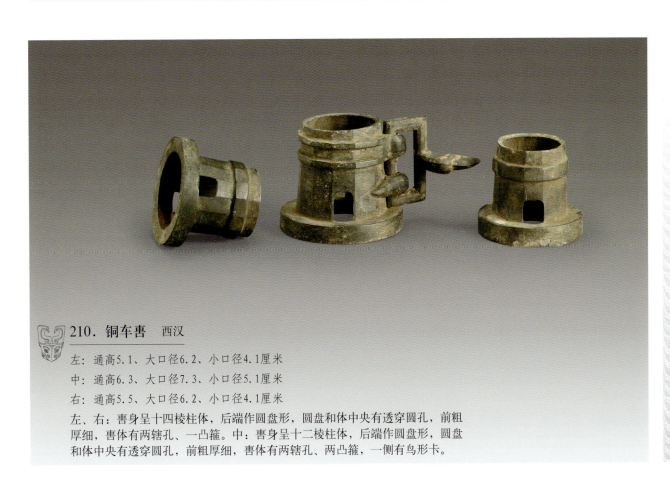

210. 铜车軎 西汉

左：通高5.1、大口径6.2、小口径4.1厘米

中：通高6.3、大口径7.3、小口径5.1厘米

右：通高5.5、大口径6.2、小口径4.1厘米

左、右：軎身呈十四棱柱体，后端作圆盘形，圆盘和体中央有透穿圆孔，前粗厚细，軎体有两辖孔、一凸箍。中：軎身呈十二棱柱体，后端作圆盘形，圆盘和体中央有透穿圆孔，前粗厚细，軎体有两辖孔、两凸箍，一侧有鸟形卡。

211. 兽面铜饰件 汉代

长8.2、宽6.4厘米

整体略呈"凸"字形，上端为小榫口，下端略
似马蹄形。底部有一圆穿，主体装饰浅浮雕兽
面纹，可见翘鼻、双耳，额中有一独角。

212. 海兽葡萄纹铜镜 唐代

直径14.4厘米

伏兽纽，内区饰四瑞兽，外区饰葡萄纹。

沂源文物精粹

213. 双凤纹铜镜　唐代

直径15.4厘米

桥形纽，饰双凤戏牡丹纹。

铜

器

214. 双鸾瑞兽纹铜镜 唐代

直径16.5厘米

八瓣葵花形，桥型纽，花式纽座。纽两侧双鸾口衔花草，
纽上、下分饰一马、一麒麟，两侧饰多云纹，素缘。

沂
源
文
物
精
粹

 215. 铜方镜　宋代

边长8.2厘米

背面书四行铭文：方正而明，万里无尘，水天
一色，犀照群伦。下有一印，为：薛晋侯造。

216. 人物纹铜镜 宋代

直径5.4厘米

束腰，桥形纽，背饰一人一鸟纹饰。

217. 铭文铜镜 宋代

直径8.9厘米

桥形纽，背面有阳文篆书铭文十八字，外圈为"假尔无思，验我有常，体离之虚，得坤之方"，内圈为"宗弼"。

沂
源
文
物
精
粹

 218. 婴嬉纹铜镜　宋代

直径12.0厘米

束腰，桥形纽，背面为五子持花纹。

219. "福禄祯祥" 铜镜　宋代

直径20.0厘米

半球形纽，背面铭文：福禄祯祥。

220. "福寿双全"铜镜　宋代

直径23.5厘米

桥形纽，纽上有李玉还造印，背面铭文为：福寿双全。

221. 释迦牟尼佛铜鎏金坐像　唐代

通高10.6厘米

佛像通体鎏金，跏趺于莲座上。头饰高螺髻，顶有珠宝，两耳垂肩，上身裸，一条联珠饰带自左肩绕于右胸。左臂下垂，手结触地印，禅定印。佛座上阴刻"开元十年八月十五日　佛弟子于文成敬造"，有封底。

222. 菩萨铜立像　宋代

通高24.0厘米

面相圆润丰满，梳高发髻，饰耳珰，头部向右侧略
倾，双手持法器于胸前，立于方形座上。底座略残。

 223. 释迦牟尼佛铜坐像 明代

通高23.0厘米

佛像跏趺于莲座之上，头饰高螺髻，顶有珠宝，两耳垂肩，着右袒袈裟，手结触地印、禅定印。无封底。

224. 药师佛铜坐像　明代

通高20.0厘米

胸部阴刻"卐"字符号，左手持药器，右手结三界印。

 225. 菩萨铜坐像　　明代

通高25.3厘米

菩萨面相丰满、端庄，跏趺于莲座之上。头戴宝冠，梳高发髻，披天衣。左手持宝珠，右手曲臂，手心向外，拇指与中指相捻。饰耳珰、项圈、臂钏、腕钏、璎珞等。无封底。底座背面微残。

226. 菩萨铜坐像　明代

通高25.5厘米

菩萨面相丰满、端庄，跏趺于莲座之上。头戴宝冠，梳高发
髻。左手持宝珠，右手曲臂，手心向内，拇指与中指、无名指
相捻。饰耳珰、项圈、璎珞等。无封底。

 227. "文成造"菩萨铜坐像　　明代

通高38.8厘米

菩萨面相丰满、端庄，跏趺于莲座之上。头戴宝冠，梳高发髻，身披
天衣，手结禅定印。全身饰有耳珰、璎珞、项圈、臂钏、腕钏、脚镯
等饰品。莲座背面有阴文"文成造"三字，正面底部微残。无封底。

沂
源
文
物
精
粹

228. 道教神仙铜坐像 明代

通高31.0厘米

此尊头戴贯簪系缨的通天冠，面庞圆腴，颌下留有一缕长髯。身着宽大的袍裳蔽膝，并饰以革带玉佩。双手相叠于胸前，手心向内，垂脚端坐。底座残。

 229. 铜立像 明代

通高31.0厘米

面部圆润，双耳垂肩，双手握于腹部，身着
长袍立于四方台座上，坐残。

 230. 童子铜立像 明代

通高20.7厘米

童子立于圆座之上，顶上结发，面容天真可爱，两耳
垂肩，双手合掌，饰项圈。无封底。底座微残。

231. 释迦牟尼佛铜坐像　清代

通高11.8厘米

佛像跏趺于莲座之上，头饰高螺髻，顶有珠宝，两耳垂肩，着
右袒袈裟，手结触地印、禅定印。无封底。底座微残。

232. 释迦牟尼佛铜鎏金坐像　清代

通高11.0厘米

佛像通体鎏金，跏趺于莲座之上。头饰高螺髻，顶有珠宝，两耳垂肩，上身裸，一条联珠饰带自左肩绕于右胸，左臂下垂。手结地印、禅定印。无封底。

沂
源
文
物
精
粹

233. "朱毋忌印"铜印　秦代

边长1.3、通高0.9厘米

铜质，鼻纽，纽中有一穿，印面为正方形，田字
形界阑，阴文篆书四字，"朱毋忌印"。

234. 八思巴文铜印　元代

边长1.5、通高1.5厘米

铜质，圆筒形纽，中空，有对穿，印面为圆角
正方形，阳文二字，为八斯巴文，可音译为
"石记"。

 235. 铜押印 元代

长2.8、宽1.6、通高1.0厘米

铜质，鼻纽，印台呈长方形，印面阳刻二字，上为"王"字，下为押符。

 236. "大德九年"铜权 元代

通高10.5厘米

全身为六棱形，上有倒梯形方纽，纽孔为圆形，带底座。前身正面阴文"益都路"三字，背面阴文"大德九年"四字。

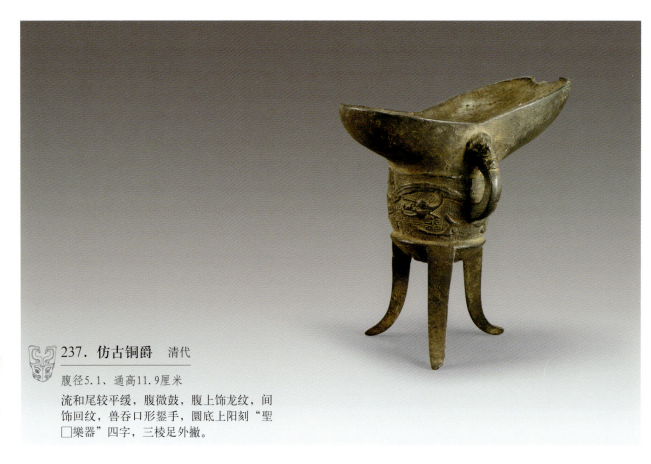

237. 仿古铜爵 清代

腹径5.1、通高11.9厘米

流和尾较平缓，腹微鼓，腹上饰龙纹，间
饰回纹，兽吞口形鋬手，圜底上阳刻"聖
□樂器"四字，三棱足外撇。

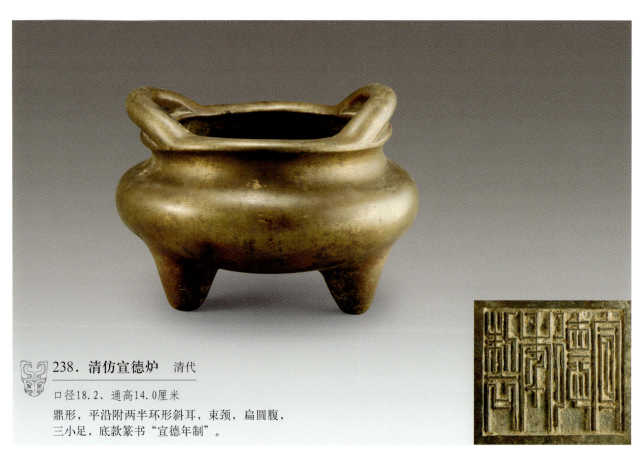

238. 清仿宣德炉 清代

口径18.2、通高14.0厘米

鼎形，平沿附两半环形斜耳，束颈，扁圆腹，
三小足，底款篆书"宣德年制"。

沂
源
文
物
精
粹

239. "安易之大刀" 铜刀币　战国齐

长18.5、宽3厘米

铜币，环首刀削形，通行于齐国，正面有阳文五字"安易之大刀"。

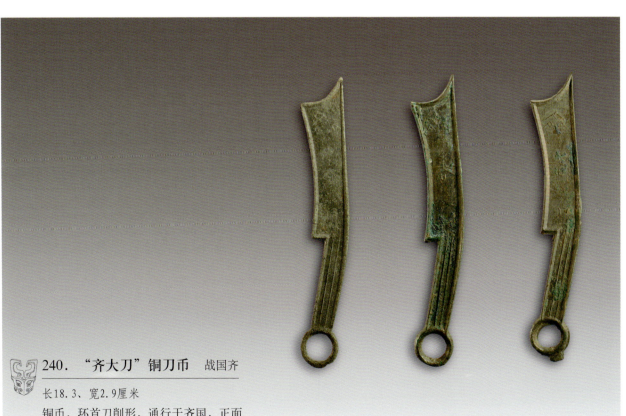

240. "齐大刀" 铜刀币　战国齐

长18.3、宽2.9厘米

铜币，环首刀削形，通行于齐国，正面有阳文三字"齐大刀"。

沂
源
文
物
精
粹

 241. 压胜钱 明代

直径4.7厘米

上书：状元及第一品当朝。

 242. 二龙戏珠压胜钱 明代

直径5.8厘米

 243. 咸丰重宝铜钱 清代

直径5.5厘米

咸丰重宝当五十，宝苏局，缶宝，形制规范，线
条硬朗、流畅，字体厚重美观，包浆古朴自然。

 244. 咸丰元宝铜钱 清代

直径4.7厘米

咸丰元宝当百，宝川局，形制规范，线条硬
朗、流畅，字体厚重美观，包浆古朴自然。

 245. 十二生肖压胜钱 清代

直径5.5厘米

一面饰十二生肖，一面饰人物、动物纹饰。

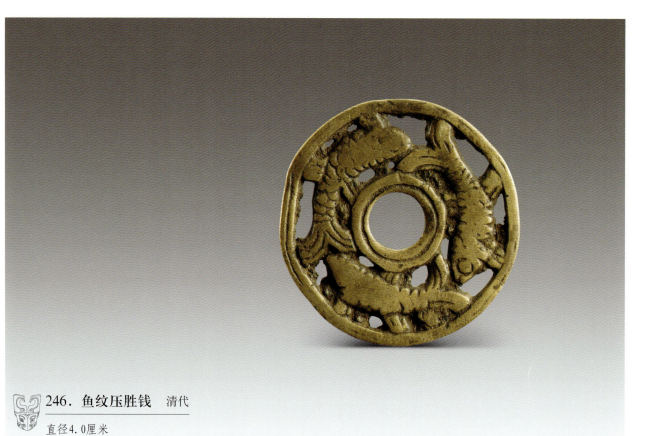

沂
源
文
物
精
粹

246. 鱼纹压胜钱　清代

直径4.0厘米

247. 四灵压胜钱　清代

直径3.6厘米

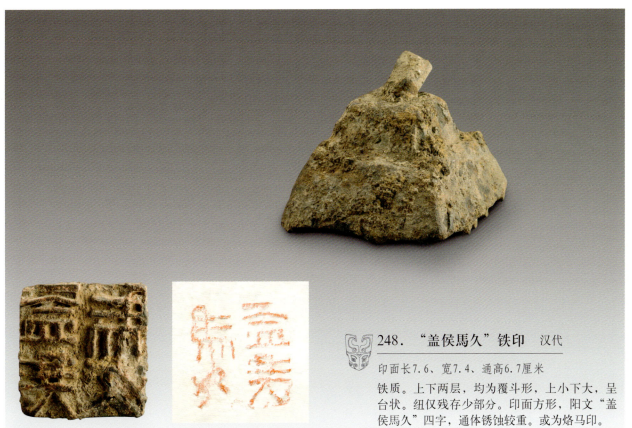

248. "盖侯馬久"铁印　汉代

印面长7.6、宽7.4、通高6.7厘米

铁质。上下两层，均为覆斗形，上小下大，呈台状。纽仅残存少部分。印面方形，阳文"盖侯馬久"四字，通体锈蚀较重。或为烙马印。

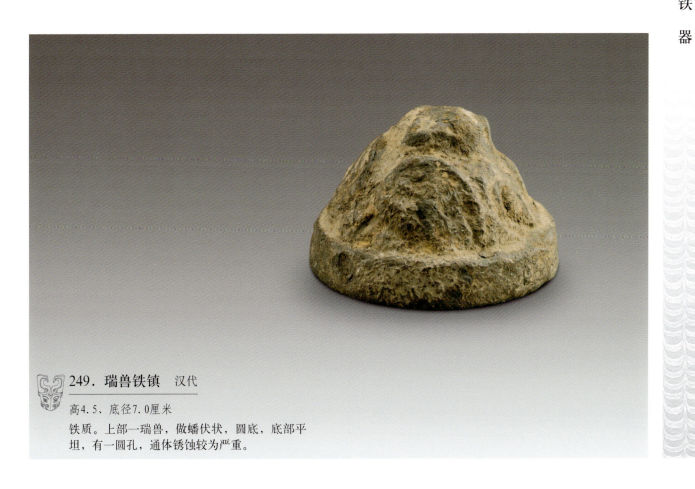

249. 瑞兽铁镇　汉代

高4.5、底径7.0厘米

铁质。上部一瑞兽，做蟠伏状，圆底，底部平坦，有一圆孔，通体锈蚀较为严重。

沂
源
文
物
精
粹

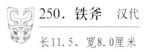

250. 铁斧 汉代

长11.5、宽8.0厘米

251. 铁锸 汉代

刃宽13.0、通高10.0厘米

凹字形，锈蚀较重，一肩稍残。

 252. 铁戟 汉代

长25.6、宽1.5厘米

铁质。戈矛一体，总体呈"丁"字形，戈部自戟身中部横出，直刃。

 253. 铁釜 唐代

口径53.5、高28.5，重39千克。

铁质。敞口，腹部圆鼓，环底，呈半球型，腹沿下肩部排列着六只长方形釜耳，与铁釜一体，系一次性铸成。通体锈蚀。

254. 斑鹿角　第四纪更新世中期

长53.3厘米

255. 猛犸象臼齿化石　第四纪更新世晚期

长32.0厘米

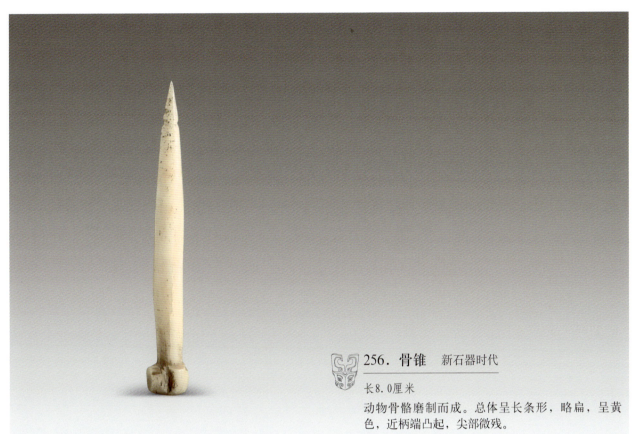

256. 骨锥 新石器时代

长8.0厘米

动物骨骼磨制而成。总体呈长条形，略扁，呈黄色，近柄端凸起，尖部微残。

257. 骨锯 新石器时代

长8.5、宽2.0～4.8厘米

动物骨骼磨制而成。通体略扁，边缘呈齿状，表面光滑，泛黑褐色。刃部微残。

沂源文物精粹

258. 骨贝 新石器时代

长1.9～3.6厘米

共172枚。动物骨骼磨制而成。大小厚薄不一，呈贝壳状，中部有凹槽，大部分有两个穿孔，部分有一个或没有穿孔，多数表面有红漆痕迹，少数有铜锈沁。

259. 骨铲 商代

长10.4、宽4.7～5.6厘米

动物骨骼磨制而成。通体略扁，呈长方形，表面光滑，泛黑褐色。刃部微残。

260. 鹿角锥 西周

长14.5厘米

鹿角磨制而成。呈圆锥状，尖部弯曲，较锋利，表面光滑，泛红褐色，近尾部有一凸起和一圆穿，尾部微残。

261. 骨镳 战国

长16.5厘米

沂
源
文
物
精
粹

262. 卜甲　春秋

长26.5、宽19.5厘米

龟背甲。外壁刻有几何形沟槽,中心部位纵向
开有长21.2、宽0.8厘米的长条形孔槽。卜甲
内壁以孔槽为中轴左右排列"三联钻",钻内
均有灼,甲外壁有占卜的兆纹痕。

 263. 神仙人物木雕像 清代

共6件，尺寸各异

沂
源
文
物
精
粹

264.御制木构件 清代

长11.8、宽6.1、厚1.9厘米

左右各有龙形，正面饰金色，刻有"御制"二字。

265. 订婚证书木刻板 清代

长27.3、宽15.3、厚2.3厘米

正面刻有"订婚证书"四字，背部有2个金属抓手。

沂
源
文
物
精
粹

266．灶王画木刻板 清代

长33.0、宽44.0厘米

267. 商号木刻板 民国

长14.7、宽9.1、高2.9厘米

上书：义顺成，嘉湖细点。

沂
源
文
物
精
粹

 268. 木刻印 民国

长6.0、宽6.0、高3.3厘米

269. 咒语木刻板　民国

长16.7、宽7.5、高2.9厘米